みらいへの教育
Education for the Future

今日を生き延びるために
アニメーションが
教えてくれること

佐分利奇士乃
Saburi Xushino

学芸みらい社
GAKUGEI MIRAISHA

| 第1章 | あなたのきめ細やかな肌を明るく照らす光

ともに片渕須直監督『マイマイ新子と千年の魔法』より　©髙樹のぶ子・マガジンハウス/「マイマイ新子」製作委員会

時間帯が変わることで、環境を満たす包囲光が変化する。❶は昼、❷は夕方。太陽がどこにあるか、周囲はどのような光で照らされているかに注目。

❸❹とも黒いスウェットの上にいる黒猫を撮影した写真。スウェットもネコも「黒い」が、光の反射の仕方や表面の材質の違いによってその性質は大きく異なる。
❹はフラッシュを焚いて撮影。ネコの毛並みにはツヤがあるためテカり、スウェットにはツヤが無いのでテカらず、見分けがつく。

❺は黒いスウェットを接写。近くに寄ると、生地の網目が見える。
❻は黒猫の皮膚を接写。光が当たっているところを見ると全くの黒ではなく、濃茶色であることがわかる。スウェットと比較すると、毛並みがあるため表面の肌理は全く違う。

第2章 | あの人を見つけて走りだせば、風景も流れだす

❼

片渕須直監督『マイマイ新子と千年の魔法』より　©髙樹のぶ子・マガジンハウス/「マイマイ新子」製作委員会

諾子（なぎこ）がふり向く場面。彼女の背後から家来が声を掛けており、彼女はそれに応えてこちらにふり向く。そのため、背後で何かが起きたときの、「先に目が動き、身体が後からついてくる」ふり向きとはやや異なり、身体と瞳が同時に動くようなふり向きになっている。

第3章 | なぜ、あの人の動きは艶めかしいのか

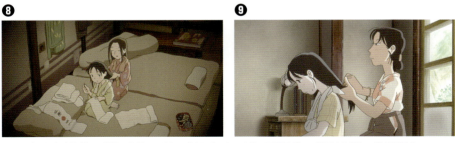

ともに片渕須直監督『この世界の片隅に』より　©2018こうの史代・双葉社・「この世界の片隅に」製作委員会

❽は『この世界の片隅に』の序盤、主人公のすずが里帰りをして、妹のすみに髪を梳かしてもらっているシーンだ。❾は映画終盤、すずの義姉・径子が丁寧にすずの髪を梳かしている、広島に原爆が落ちる直前の静かなひととき。径子の娘・晴美は、すずが一緒にいるときに時限爆弾の爆発に巻き込まれて死亡。すずは右手を失った。❾には、その出来事からしばらくたった２人の関係が表れている。片渕須直監督は「径子さんがすずさんを自分の娘・晴美の代わりとして、代償行為としてすずさんに優しく接している」と指摘している。
映画では一目瞭然だが、❾では俯いたすずの動きが小さいのに対し、❽では髪の梳かし方に遠慮がなく、ぐいぐいと力が入っている様子がわかるほど互いの動きが大きい。仲の良い姉妹の関係が「動きの協調」の仕方にも表れている。ここまで動きを細かく作り込むアニメーションは少ない。

第6章 遠くにいてもあの人の姿ならわかる

❿

『ファン・ゴッホの寝室（アルルの寝室）第1バージョン』（1888年）

部屋の奥行きを表現する遠近を作るために遠近法が用いられているが、わざと歪ませてあるとされる。
この頃、ジャポニズムが流行してゴッホもかなり影響を受けており、浮世絵の独特な遠近感の表現を模倣しようとしたようである。部屋自体も長方形ではなく、壁はもとより斜めだった。

⓫

片渕須直監督『この世界の片隅に』より
©2018こうの史代・双葉社／「この世界の片隅に」製作委員会

2点透視法にきっちりと従った構図。昭和8年頃の広島市中島本町（原爆の爆心地のすぐ近く）の様子。
雑踏を描くときにCGを使うため、直線でパースが作られている。

第7章 あの人の仕草や動きに焦がれる

⓬

歌川広重『名所江戸百景大はしあたけの夕立』大判錦絵一枚（安政4（1857）年）

黒い線で激しく降る雨を表現している。動きを絵に描き込むときの1つの方法。
セルアニメーションでは「セル傷の雨」として、このような降る雨を白い線で表現していた。その影響で、今でも多くの場合、セルルックのアニメでは雨は白い線で表現される。

| 特別対談 | 作品の舞台に観る者を招き入れる

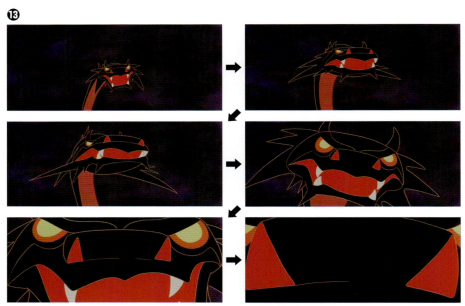

©芹川有吾監督『わんぱく王子の大蛇退治』より　©東映

大蛇の首が目の前に迫ってくる「縦の構図」。離れた場所にある大蛇の首がこちら側に向かってくる。このとき、接近するにしたがって、迫ってくる「感じ」がどんどん強くなっていくのがわかる。何かが近づいてくるときの見え方がそのまま動画にされているシーンである。この方法によって動きで奥行きを作ることが可能となり、マルチプレーンカメラは必要無くなったと片渕須直監督は指摘している。

高畑勲監督『かぐや姫の物語』より

かぐや姫が疾走するシーンのワンカット。ここに、疾走するかぐや姫の「姿形」は描かれているだろうか。描かれているのは疾走という「運動そのもの」ではないだろうか。リアリストであり、アニメーション表現の新たな可能性を探り続けた高畑勲監督がたどり着いた、「抽象的な異形によるリアルな動き（疾走）」。

目次

序文——アフォーダンスについて、こんなに分かりやすくて、
そして正確な入門書は世界中に無かった／推薦の辞に代えて　佐々木正人　8
- ◆著者との出会いと「遮蔽の光学」
- ◆生態心理学とアニメーション
- ◆生態心理学の上級入門書
- ◆視覚のことを、視覚だけで語る
- ◆アニメーションの大好きな皆さんへ

はじめに——アニメーションの全く新しい見方を作ろう　16

序章　いつの間にか私のすぐそばにあり、あまりに魅力的で　18

- ■そこにあるもの、アフォーダンス
- ■アニメーションにアフォーダンスを埋め込むこと
- ■『かぐや姫の物語』のファンタジーとリアリティ
- ■アフォーダンスと生態光学

第1章　あなたのきめ細やかな肌を明るく照らす光　24
▶▶▶「身のまわり」を「描く」ということ

1）私たちが見て、描いているもの　24
- ①環境 〜意味付けられた身のまわり〜
- ②光・音・臭いを伝える媒質 〜空気、水の働き〜
- ③照明された環境
- ④明かりで照らされて初めて見える「対象」の「表面」
- ⑤太陽光 〜時間帯で変化する環境の照明と色彩〜
- ⑥色の正体 〜対象の表面、そこにある肌理、色彩設計〜

2）対象表面の肌理を見るということ　33
- ①対象の表面はそれぞれ独特な肌理を持つ
- ②肌理の構成要素は入れ子になっている
- ③表面の肌理と色について
- ④表面の肌理と、それが持つ意味

【コラム1】となりの異世界人
　　　　　——『転生したらスライムだった件』　38

第2章　あの人を見つけて走りだせば、風景も流れだす　40
▶▶▶ 私たちを包み込み環境を満たす、意味を持つ光の列

1）アニメにおいて環境を描くときに描かれているもの　40
　1　環境と、そこに散らばって配置されている対象
　2　輪郭線は存在しない
　3　ふり向く人物の立体感

2）環境から眼に集まる光の束　42
　1　包囲光 〜環境に充満する光〜
　2　包囲光とその配列
　3　包囲光には情報や性質が埋め込まれている

3）不変項──表面それぞれが持つ固有な性質、情報、意味　48
　1　表面にはそれぞれ独特な肌理の配列がある
　2　アニメーションは包囲光配列を作っている

4）流れる光の束と包囲光配列──オプティカルフロー　50
　1　オプティカルフローの正体──流動する包囲光配列
　2　光の流れの特徴

【コラム2】『リズと青い鳥』で描かれる「包囲物語配列」と、
　　　　　「共に生きる」こと、「協調して行為する」ことの奇跡　53

第3章　なぜ、あの人の動きは艶めかしいのか　56
▶▶▶ 変われば変わるほど明らかになる意味・性質を見る

1）アニメーションの「撮影」方法と制約について　56
　1　映画のフィルムと映像の作り方
　2　アニメーション撮影時の「2コマ打ち」「3コマ打ち」

2）意図と動き──意図がある動き、意図のない動き、不変項　58
　1　その「動くもの」に意図はあるか
　2　命ある動きと、命の無い動き

3）気分や感情を表現すること──意図、気分、感情　60
　1　「芝居する」風──「気分」を表現する自然事象
　2　アニメーションの感情表現

4）意図を描くということ　62
　1　意図を描くことと、積極性を作ること
　2　協調する2人の動き

③ 動物は意図を持つ
　5）**表情を描く**──**顔の表情、動きの表情**　65
　　　① 感情表現について述べる前に
　　　② アニメーションで感情を表現するということ
　6）**協調する動きと実在感**──**積極的な「受け身」という意図と行為**　67
　　　① 人間関係を丁寧に描くために必要なこと
　　　② 協調する動きと身体、意図
　7）**自然事象の作り方**──**質量・重さ・質感・風の不変項**　71
　　　① 5kgの子どもと5kgの米袋、どちらが重いのか 〜「重さ」の正体〜
　　　② 等速直線運動の罠 〜対象の動きと重さを作る方法〜
　　　③ 動きで力を描く 〜重さと力と動きの関係〜
　　　④ 風を風たらしめるもの 〜「風の不変項」と「風による演出」〜
　8）**ヒトの動き**──**歩き、走り**　82
　　　① 動きが肉感的な身体を作る
　　　② 「歩き」という動きの不変項 〜転倒の連続と制御としての「歩き」〜
　　　③ ヒトの走りの性質、不変項 〜跳躍の連続としての走り〜
　【コラム3】 コミュニケートできない言葉、コミュニケートする身体
　　　　　　──アニメ映画『聲の形』　91
　【コラム4】「彼ら」の世界を知りたくはないか？
　　　　　　──『亜人(デミ)ちゃんは語りたい』　94

第4章　たとえその表情が作り物だとわかっていても　96
▶▶▶ 紙の上の芝居と声の芝居

　1）**「かわいらしさ」とは何か**──**かわいらしさを感じさせる「性質」**　96
　　　① かわいらしさを感じさせる不変項を言葉から探る
　　　②「萌え」「カワイイ」と「エロス」「性的魅力」についての一考察
　2）**「泣き」の3態**──**「泣く」という行為の芝居と演じ分け**　100
　　　①「泣き虫」吹奏楽部部長の「泣き」
　　　② リャナン・シーの「泣き」〜妖精の「泣き」〜
　　　③ ろう者、高度難聴者の「泣き」〜生まれたままの「泣き」〜
　3）**ふり向き**──**身体、意図、魅力の描き方**　106
　　　① 様々な「ふり向き」の動作
　　　②「ふり向き」が感じさせること
　【コラム5】 鋼のアイデンティティ
　　　　　　──『宝石の国』の「フォスフォフィライト」　110

第5章　見えそうで見えないあの人の姿　　　112
▸▸▸隠し隠されるものと、そのヘリが持つ意味

1）遮蔽と遮蔽縁 〜蔽い隠す縁〜　112
　　① 対象を区切る輪郭は『線』なのか
　　② 背後を蔽い隠す対象とその形について

2）遮蔽——遮り遮られる表面の肌理とその縁（ヘリ）　114
　　① 遮蔽と私たちの知覚
　　② 遮蔽する表面、遮蔽される表面

3）遮蔽縁——そこに線は存在しない；背景と人物とクミとBook　116
　　① 遮蔽縁 〜「輪郭」で何が起きているのか〜
　　② アニメーションにおける遮蔽縁の描き方・作り方・見せ方

4）自己遮蔽——対象の立体感を構成する情報　125
　　① 回転する特定の形をした対象の遮蔽縁で、肌理に起こること
　　② ふり向くとき包囲光配列に何が起きるのか 〜自己遮蔽の描き方と利用
　　③ アニメーションで作られ利用される遮蔽、遮蔽縁、自己遮蔽

【コラム6】ビブリー考
　　——『キラキラ☆プリキュアアラモード』の中にいる
　　　「更生した青年女子」 134

第6章　遠くにいてもあの人の姿ならわかる　　　136
▸▸▸描かれるものの立体感と、見える場所の広がり

1）不思議な知覚——正方形？ ひしゃげている？　136
　　① 頑固な知覚
　　② 同時にいくつもの情報を捉える知覚

2）知覚の精緻化——知覚を「鍛える」ということ　138
　　① 知覚は鍛えると精確で緻密になる
　　② 知覚の精緻化とアニメーション

3）その遠近法は間違っている
　　——人工遠近法と3DCGと知覚に沿った遠近感　139
　　① 遠近と3次元的な形を結ぶ不変項構造と、絵に描くときに使われる遠近法構造
　　② 人工遠近法が捨てる情報
　　③ アニメーションを作るときのパースの役割 〜カメラとレンズと配置と「レイアウト」〜

4）遠近法と立体感の作り方の技——観察点の位置とカメラワーク　144
　　① 眼の位置を変えながら環境を見ること〜観察点の移動と対象の存在感〜

２ 観察点が移動するとき
　　　（ⅰ）移動／Follow／まわり込み
　　　（ⅱ）トラックアップ／トラックバック
　　　（ⅲ）クレーンアップ／クレーンダウン
　　　（ⅳ）観察点を自由に動かして画面を作ること
　　３ 観察点が固定されているとき
　　　（ⅰ）PAN／Tilt
　　　（ⅱ）ズームイン／ズームアウト
　　４ あとどれくらいで衝突する？〜奥行きを作る動きとτ（タウ）について〜
　　５ カメラワークの意味

　5）「背景動画」が真に意味すること
　　　──包囲光配列とオプティカルフローの究極の作り方　159
　　１「背景動画」とは
　　２ 画面の全てを作画することで得られる表現の広がり

　【コラム7】ダメのダメはダメなの？
　　　　　　──『HUGっと！プリキュア』で注目すべき隠れた名台詞　161

第7章 あの人の仕草や動きに焦がれる　162
▶▶▶動きの作り方と見え方

1）動画の1枚1枚に動きの情報を持たせる　162
　　１ アニメーションの動きは「仮現運動」で説明できる？
　　２「降る雨」の絵画での表現方法
　　３「動きの不変項」を表現に埋め込むということ

2）順序と動きの情報　165
　　１ 絵を並べて動きを描くということ
　　２ 動きは「絵の配列」ではなく「絵の順序」が重要

3）アニメーションと「誇張された表現」　167
　　１「誇張表現」と物理法則
　　２ デザインとしての「誇張表現」
　　３ 自然科学の法則と誇張表現

4）動きの不変項・動きの知覚・アニメーション　170
　　１ 動きの不変項とはどのようなものか
　　２ アニメーションで動きの不変項を描くということ
　　３ アニメーションと生命感・実在感

　【コラム8】『鹿楓堂よついろ日和』のコワモテオヤジ
　　　　　　──スイーツ大好き、砂金さん　173

第8章 アニメを見たい、作りたい
▶▶▶ 生態心理学とアニメーション

1) 環境の作り方——居ついている環境とそこにある光　174
　① ストーリーを考える前に「舞台」を作る
　② 環境の中に登場人物を置く

2) 観察点移動、カメラワーク　176
　① 環境の中にいる登場人物を撮影するために
　② アニメーションにおけるカメラワークの意味

3) 動きと不変項　178
　① 環境中で動く登場人物を描く
　② 動きの不変項とその意味

4) 動きを見て知覚することについての仮説——周辺視と動き・変化の知覚　179
　① 注視せずに環境を眼でとらえるということ
　② 注視することと、周辺視がとらえる情報
　③ 注視が視覚の基本なのか？

5) 意図とストーリー　182
　① 意図のある動き、意図の無い動き
　② 生、愛、死
　③ 日々の営みもまた魅力的である

6)「この感じ」を作る——不変項とプロパティとストーリーと動きと　185
　①「この感じ」とは何か——生態心理学からの見方
　②「この感じ」を構成する「この感じ」——入れ子構造

7)「この感じ」の在り処——「頭の中」か環境か　186
　① 理想
　② 現実——日々の営みは終わらない
　③ アニメーションとロケーションハンティング
　④ 2種類の「この感じ」
　⑤『聲の形』のかたち
　⑥ かくして実在感にあふれたアニメーションが生まれる

【コラム9】 公園の遊具が可能にする行為——アフォーダンス　193

特別対談 作品の舞台に観る者を招き入れる 196
――アニメーションの見方の「新しい尺度」をさぐる

片渕須直監督×佐分利奇士乃

- 宮﨑アニメの「風」はリアルか ―― 生態心理学から考える
- アニメーターが「発散」できるか、できないか
- アニメーションの演出家は知覚のリアルをさぐっている
- 『未来少年コナン』の葛藤
- 芝山努さんは自在なリアリスト ――『ちびまる子ちゃん』から『巨人の星』まで
- 『わんぱく王子の大蛇退治』――「奥行き」を「動き」で表現した画期的作品
- アニメーションには実写と異なる尺度が求められる
- 形の無い「かぐや姫」がそこに見える ―― 表現主義へと至るリアリズム
- 注視しないで、変化や異変を見る
- 演出家の脳の使い方、アニメーターの脳の使い方
- 物の表面にはそれぞれの「肌理」がある
  ―― 制服を描き分けた『マイマイ新子と千年の魔法』
- 風景の中に「居つく」――「坂が多い街」呉と『この世界の片隅に』
- スキンシップのリアルな表現 ――「協調」する2人の身体
- 台詞ではなく、身体の動きで人間関係と心の動きを描く
- スピルバーグの映画で気づいた「体温」の表現
- ストーリーを追うのではなく、ディテールのリアリズムを見てほしい

あとがき	214
参考文献	219

> **序文**──推薦の辞に代えて
>
> # アフォーダンスについて、こんなに分かりやすくて、そして正確な入門書は世界中に無かった

◆ 著者との出会いと「遮蔽の光学」

　本書の著者である佐分利さんは、2006年に論文「視覚の原理とアニメーションの解析」を東京大学大学院（教育学研究科）に提出して博士号を取得しました。本書はそのときにまとめられた論文が基礎になっているように思います。

　博士審査委員会に出された履歴書が手元にあります。それによれば佐分利さんは東大理科2類に入学して薬学部を卒業（薬剤師資格取得）、大学院薬学系研究科の生命薬学専攻に進学し、バイオテクノロジー研究の「機能病態学」教室に所属しています。一番やりたかったのは脳研究ということですが、そこには長くは留まらなかったようです。

　しばらくして佐分利さんは教育学部に学士入学（3年編入）し、2000年には大学院の教育学研究科に入り、指導教員として私を選びました。その理由をこの機会に聞きましたら、ジェームズ・ギブソン（Gibson, J.J.）の生態心理学をテーマとした、つたなかっただろう私の学部向けの講義を聴いて決めたとのことでした。本書で詳しく紹介されている生態光学（エコロジカル・オプテックス）についても部分的には話したはずです。かすかな記憶ですが、授業後に彼が近づいてきて、「先生、これはアニメの話ですよ！」と言ったことをおぼえています。それが佐分利さんとの最初の出会いだったと思います。

　その後、大学院のゼミ（演習）では、彼も頼って、年月をかけて生態光学についての知識が深まることになります。

　本書の理解にとって重要なのが、コーネル大学のギブソン研究室にいたジョージ・カプラン（Kaplan, G.A.）の仕事です。カプラン実験を知ったのは、ギブソンと共に生態心理学を長く検討し、ギブソン没後に国際的な生態心理学の学会を設立したメンバーの一人であるウィリアム・メイス（Mace, M.W）さんが2002年の夏に行った東大での集中講義です。メイスさんはカプランの遮蔽を主題とした博士論文と、その実験のために作成された動画を講義で示しました。

　多種の斑点をランダムにちりばめた2つの面（紙片）を用意して、2つの

佐々木正人
(生態心理学／多摩美術大学美術学部・統合デザイン学科教授)

　面が接するところの片方の端をごくわずかだけ裁断して1つのカットを撮影する。その作業を繰り返し、カットをつないで動画にすると、裁断された側の面が、もう一方の面の下に、緩やかに入り込んでいく様子が見える。つまり2つの面の接するところで肌理が減っていった面が、変化しない面に遮蔽されていくという出来事の視覚になる。この「遮蔽」がもたらす視覚をカプランは「(肌理の)隣接順序の動的な崩壊」(kinetic disruption of adjacent order)と名付けています。

　面の肌理にある隣り合いの順序構造に起こる変化が、地面の上に散在している物同士に起こる、隠す−隠される、という、遮蔽の視覚の情報なのだとするアイデアを「遮蔽の光学」(optics of occlusion)とよびます。この発見が本書のアニメーションについての考察に基礎を与えていると思います。

◆生態心理学とアニメーション

　資料を探したところ、2000年3月23日に行われた「アフォーダンス研究会」で配布された、佐分利さんが作成したレジュメ(発表要旨)を見つけました。当時、生態心理学に興味を持つ少数の若い皆さんと定期的に集まって論文の検討会をやっていました。この日に、院生になる直前の彼も参加して、カプラン博論をレポートしていたことがわかりました。読み直してみると、数学的な部分も含め、とても厳密な紹介がされています。この説明を聞いて、書かれていることをすぐにわかった人(私を含めて)はそうはいなかったと思います。しかし「佐分利は凄いな」ということはみんなに伝わっただろうと思います。

　6年後の2006年に佐分利さんは博士論文を書き上げました。アニメーション表現の理解に、生態心理学や数学、物理学などの観点が不可欠であることを論じたユニークな論文でした。当時、私が報告のために書いた、彼の博論の要旨の一部は以下のようなものでした。

> アフォーダンスについて、こんなに分かりやすくて、
> そして正確な入門書は世界中に無かった

　「一章では、ギブソンが最初の著作『視覚世界の知覚』(1950)で、環境の表面で散乱反射した光が、表面の粒状肌理によってユニークな順序を与えられているという事実から視覚情報の「順序刺激作用仮説」を構想したことを取り上げ、これまであまり注目されることのなかった「順序が情報になる」という主張の意義を再評価した。そこでは順序は任意の単位で分割し、測定量を「無次元化」できることが指摘された。
　二章では、この仮説を検証したカプランの研究を検討し、表面の縁での肌理の隣合いの順序の時間経過に伴う動的崩壊が、いわゆる「奥行」の情報になるとする視覚論の意味するところを議論した。
　三章では、わが国のセルアニメーション実作の作画過程を解析し、その作業が、すべての過程で時間的順序構造を探究することをデザインの中心にしていることを明らかにした。
　四章では、アニメーション表現での背景として一般的な自然事象である「風」の表現を解析した。結果は、「繰り返し作画」と呼ばれている、複数のセル画の順序を反復して提示する方法が、多様な風の表現を可能にしていることを示した。さらに多種の作画を「譜面化」することで、風の変形の類型を抽出した。このようなアニメーション表現の基礎が、流体力学の「レイノルズ相似則」（構造条件が同じならば、大きさや速度が異なる流体の様相は似になる）と通底する観点を持つことが議論された。
(注：流体力学は、速度によって、段階的に推移していく風の動きの組織である、層流、双子の渦、カルマン渦列、そして規則性を持つ乱流の4種が、流れを運動方程式で示す際の、レイノルズ数とよばれる無次元数で示すことができるとしています。アニメーション表現の情報と、自然の出来事の両者が、不変な構造の推移である点で共通することを示唆したのは佐分利さんが初めてだろうと思います。この序文末の注の文献を参照して下さい)。
　五章では、ヒトの移動運動、とくに「歩き」と「走り」を描いた作品を解析し、ここでも「繰り返し作画」法の存在を確認した。作画において、

走りが歩きよりも複雑な過程（片足着地後に姿勢が低くなる）であることが示されたが、この事実はバイオメカニクスでの研究成果と符合しており、実際の運動と、表現とに共通する不変な情報があることが示唆された。
　六章では、まとめとして、単位を知覚者の観察条件に応じて任意に取ることのできる順序情報が、どちらも単位量が「入れ子」の構造を持つリアルな環境知覚と、アニメーション表現に共通する情報の性質として有望であるとされた。」

　アニメーションの動きの表現のリアルさについて、その妥当性を生態心理学と自然科学の成果から検証しようと始められた論文は、こうしてアニメーション表現の情報と、自然の出来事や視覚情報についての研究が互いに補い合う関係にあるという、結論にランディングしました。アニメーションと心理学、さらに物理学、身体運動学を横断する内容を持つ論文が成立したわけです。
　一般に、文系で修士入学から６年で博士論文を完成させる方はそう多くはありません、佐分利さんはアニメーションへの情熱を糧に、いくつかの領域を駆け抜けたようです。
　生態心理学の小さなサークルに、理系の佐分利さんが参入したことの意味は大きかったのです。この時期のアフォーダンス研究会には、心理学はもちろんですが、哲学、美術大出身者、建築など、多種の背景を持つ若い方が混ざり合っていました。文系、理系、アート系の皆さんが2000年代の前半に高まった日本における生態心理学のテンションを担っていたわけです。佐分利さんの思考もその中で育ったのだろうと思います。
　ギブソンとその後継者たちの思考を文献にたどる。さらに国際学会にも参加して世界の新しい動向と繋がる。やがてサークルの誰もが自分なりの考えを獲得していく。そういう多様性が誕生していく機運を思い出します。とても小さな歴史ですが、そのたしかな痕跡が本書には宿っていると思います。

> アフォーダンスについて、こんなに分かりやすくて、
> そして正確な入門書は世界中に無かった

◆ **生態心理学の上級入門書**

　本書はアニメーションについての書であるだけではなく、「生態心理学上級入門書」でもあると思います。生態光学はもちろんですが、ギブソン後継者の１人、マイケル・ターベイ (Turvey.M) さんなどによる、身体による知覚を扱ったダイナミックタッチ（触運動的知覚）研究についてもわかりやすく紹介されています。また多様な面の変形に過ぎない世界に起こる多様な出来事に、私たちがダイナミックス、つまり力の働きの由来を知覚できるのはなぜか、というアニメーション最大の謎も、読み進めることで部分的には解けるはずです。

　本書では科学とアニメーションが地続きになっています。わかりやすい「語り口」に従って楽しく読み進めてさえいけば、科学の理論とアニメーション表現の理論の２つが身につくように仕組まれています。アフォーダンス理論について深くわかることと、視覚の表現について、納得できる考え方の両方を得ることができる本になっています。

◆ **視覚のことを、視覚だけで語る**

　佐分利さんは長い間「アニメーションの視覚の観測者」でした。見逃せないことは、本書が、視覚について視覚だけで語っていることです。

　ふつうは視覚表現の説明には、時代背景とか、作者の人生とか、制作の意図とか……、視覚以外の何かが持ち込まれています。もちろんそれらはすべて重要な観点ですが、画面にあるのは視覚だけです。そのあたりまえのことが軽視されるのは、おそらく視覚ということがあまりにも複雑で、どうしても言い尽くすことのできない性質を持つからだと思います。

　ギブソンは視覚について以下のように書いています。ギブソンのいろいろな論文からの抜き書きです。

「子供は成長するにつれ、不変なこと（不変項）と、変わること（可変項）

を分離することを学ばなければならない。子どもは自分の注意を不変なことに集中させることを学ばねばならないが、それを探索によって行う。探索とは、眼と皮膚に達する刺激のパターンを変化させることによって、変化しないでいるものを分離することである。世界が静止しているとき、変化や変形は自分のしていることを特定する。その動きを逆転させることによって、変化や変形も逆転できる。このように自己のしていること特定する変化は制御できるが、周囲の変わらないことは制御できない。周囲にある出来事は、自分で制御できる変化の後でも存続する変わらないことと、制御することができない変化という2種の情報によって特定される。」

　ここには、世界を見ている私たちは、世界の見え全体の変化として、自身の動きを見ながら、その変化の中から現れてくることとして、さらには自分の動きとは関連なく起こっている変化として、周囲の不変を知るのだということが書かれています。
　視覚が発見する不変なことは、おそらく想像を超える規模で存在します。それらの数え上げるときりがないほどの出来事の意味に囲まれて、その中で自分の行為の道を、つまり何をするべきかを刻々と探っている、そういうことが、視覚では進行しているわけです。
　ギブソンが1940年代に、空軍のパイロットの視覚を研究していて地面を発見したことはよく知られています。地面の視覚には、飛行した距離や、空と地面へ定位すること、ランディングを安全に制御することなど、たくさんのアフォーダンスが見えています。飛行の技術の多くは地面の視覚が与えていました。そして、パイロットは、これらの多くのことを同時に見ていたわけです。そのように多くのことに同時に注意し続けることがアウェアネス (awareness)、つまり意識の本質だとこの研究でギブソンは気づきました。だから、視覚とは何かを、視覚のあるところだけで説明することは実はとても大変なことなのです。

> アフォーダンスについて、こんなに分かりやすくて、
> そして正確な入門書は世界中に無かった

　佐分利さんは、アニメーターたちが、アニメーションの画面に膨大な視覚を描き込んでいること、画面の視覚だけで仕事をしていることの凄さを知っている人だと思います。ギブソンの言う視覚の多重性、意識の分散性は、アニメーションに埋め込まれた視覚の本質でもあるわけです。

　佐分利さんから、高畑勲監督の『かぐや姫の物語』を見せてもらいました。かぐや姫が疾走するシーンでは動画を止めて見せてくれました。静止した画面には、どこにもかぐや姫が描かれていないことに驚きました。すがた、かたちが消えて、ただモヤのようなかたまりだけが見えました（本書のカラーページにその図版があります）。

　自覚的には見えていないのだけれど、しかし見えていることがあるのだとあらためて知りました。その「視覚の種」みたいなものについてよく知ることで、アニメーターの方々はセル画を描いているのだろうと思います。その技が、どのアニメーション工房の作画作業でも培われ、共有されていることを想像しました。

◆ **アニメーションの大好きな皆さんへ**
　表現について書かれた本はたくさんあります。ジャンルごとに表象の理論が成立しているようです。そういう仕事はとても重要ですが、おそらく本書の仕事はそれとは異なるものです。本書は生態心理学の知識でアニメーションの視覚を説明しようとしているのではないと思います。

　アニメーションをずっと見る経験がなかったら、おそらく佐分利さんは生態心理学の世界に入ってこなかったはずです。両方に出会ってしまうことになった佐分利さんはアニメーションと生態心理学をひとつのこととして理解しようとした結果として、この本を書いたように思います。本書で起こっているのは、そういう稀な出来事です。

　佐分利さんはしぶとい人です。おそらくその資質がアニメーションにこだわる姿勢を支えていると思います。横で見ている者にとっては、それはやや

滑稽なことでもあったわけです。どこまでも深くまで行こうとする探究は、なんであれ、ユーモラスで、温かみのあるものです。そういう資質が佐分利さんにアニメーションとつながることを与えて本書を生み出したことになったのだと思います。

　佐分利さんに出会ってから20年が経ちました。彼はどうやら若さゆえの混沌のトンネルから少し出たようです。本書を読むと、筆遣いが軽く透明になっているように思えました。だからわかりやすいのだろうと思います。読みながら、私には、大学院生だった頃、ゼミで話す佐分利さんの声が聞こえてくるようでした。かすれているけれど、大切なことを静かに語る声です。

　本書は、アニメーションが好きで毎日のように見ている皆さんに読んでほしいと思います。著者は皆さんの先輩です。彼の語りについていけば、大好きなアニメーションに、とてもぶ厚い知覚の意味がつまっている理由がわかるはずです。

　アニメーションを見ていれば、ずっと生きていけるのだということに、きっと気づくことができるはずです。

(注) 流体力学とアニメーション表現については以下の論文を参照して下さい。
　　佐分利敏晴「アニメーションと自然の原理――アニメの風と自然の風」
　　（佐々木正人編『アート／表現する身体』東京大学出版会、2006年、pp.156〜181）

はじめに

アニメーションの全く

　アニメーションは、今や私たちの身のまわりに必ずあると言っていいほど、ごく自然にあります。ネットの様々なサイト、動画やその公告、テレビ番組のタイトル、スマホやパソコンの起動画面、TVゲームやスマホのゲームアプリ。そこにアニメーションが1つもない画面を見つけるのはなかなか難しいのではないでしょうか。

　さて——。

　私たちが住むこの世界と同じように、アニメーションの中でも風が吹き、ヒトが動き、さまざまな感情があふれ出ています。そうした動きや表情を、アニメーションの作り手はどのようにして生み出しているのでしょうか。そして、どのように作れば、描かれた身体や動き、表情、感情に実在感が生まれるのでしょう。

　数多くのことがアニメーションについて語られてきました。しかし本書はアニメーションについて、生態心理学、そして物理学や生物学などの自然科学から全く新しいアプローチを試みます。

　私が専門的に学んだ生態心理学＝Ecological Psychology（エコロジカル・サイコロジー）という心理学は、私たちを取り巻いている環境と私たちの身体がエンカウントし（出くわし）、心が動く現場にある知覚を解き明かそうとする学問です。私たちヒトはどのような場所＝環境に暮らしているのでしょうか。そこには何があり、何が起きているのでしょうか。それらを私たちは、どのようにして自分の身体で知覚しているのでしょう。

　生態心理学は、アニメーションを解説するためにできあがった心理学なのではないかと、そんなことを考えてしまうほどに、生態心理学とアニメーションは密接に結びついています。

新しい見方を作ろう

　また生態心理学は、自然科学や数学にも密接に結びついています。私は生態心理学とともに、物理、化学、生物などの自然科学や薬学、教育学を学んできました。自然科学、教育、医療、生態心理学、そしてアニメーション……どれについても、大学などで専門的なレクチャーを受けてきました。

　本書では、生態心理学について説明している文章が、いつの間にかアニメーションを語り出し、それがさらに物理学の話を巻き込んでいきます。もう少し正確に言えば、アニメーションを要として、生態心理学、自然科学が渾然一体となっているままに扱っていきます。

　様々な優れたアニメーション作品、自分が居ついた場所で毎日を生きるための心理学である生態心理学、そしてそれらを支える様々な学問や科学に出会ったから、私はこれまで生きてこられました。

　この環境を身体と心をもって動き、何かにエンカウントし知覚する生き物の暮らしと、優れたアニメーション作品には、その両方に「私たちが今日一日を生き延びるための『気づき＝繰り返される発見』と『資源』」があります。「今日を生き延びるためにアニメーションが教えてくれること」というタイトルには、このような意味が込められています。

　生態心理学の記述に関しては、特別な断りの無い場合には、ジェームズ.J.ギブソン "*The Ecological Approach to Visual Perception*"（Gibson, James J. 1979/1986）（邦訳『生態学的視覚論——ヒトの知覚世界を探る』サイエンス社）を参照しています。

佐分利奇士乃

序章　いつの間にか私のすぐそばにあり、あまりに魅力的で

あるとき、赤いピーマンを手にして女の子は嫌そうな顔をしていました。お父さんは赤ピーマンを横に切って種を取り、「中まで赤いんだよ」と教えてあげました。女の子はそれを見て、「器みたい」と言いました。

そのとき、一緒に料理していた少女はハタと気づき、赤ピーマンの器にジュースを入れました。すると女の子はピーマンが嫌いだったはずなのに、ピーマンに入ったジュースを、口をつけて飲みました。

横に切ったパプリカは、中に液体を入れて飲むことができるのです——。

■ そこにあるもの、アフォーダンス

- 頑丈で動かない地面そのもの、あるいは地面に対してある程度の高さがあり、十分に頑丈で安定している対象は、私たちヒトに座ることをアフォードしている——椅子やベンチ、ベッド、地面や床。
- 地面に対してある程度の高さがあり、柔らかさと反発性を持ちながら安定している、十分な広さを持つ対象は、私たちヒトに寝そべることや寝ることをアフォードしている——ベッド。
- ある程度の重さの範囲内で、手に持つために適度な大きさと重さ、硬さがあり、その内に何かを入れることができる対象は、私たちにヒトに液体の食料や水を入れ、それを飲むことをアフォードしている——カップ、グラス、湯飲み、横に切ったパプリカ。
- ある程度の硬さがあり、足が滑らない（十分な摩擦係数を持つ）平坦な場所は、私たちヒトにそこを歩くことをアフォードしている——道路、学

校の校庭、グラウンド、その他ならされた地面、けもの道。
・十分な硬さ、「滑りやすさ」（適度な摩擦係数を持つ）があり、ある程度の傾斜がある場所は、私たちヒトに「たーのしー」と滑って遊ぶことをアフォードする──滑り台。
・十分に頑丈で一定のサイズを持つ空洞は、一晩夜露をしのぐなど、そこに滞在することをアフォードする──洞穴。
・これでもかとばかりに色とりどりに咲き誇り、ヒトに対して目を留め、眺め楽しむこと、愛でることをアフォードする──バラの庭……。

　これらは全て、様々なアニメーション作品で描写されたことがあり、かつ、私たちの身のまわりにある「アフォーダンス」です。
　生態心理学の祖、ギブソンが提唱したアフォーダンス（affordance）とは、こうした「私たち動物が行為する時に利用できる、環境そのものや環境中にある対象が持つ性質や意味、価値」のことです。別の言い方をすれば、「私たち動物が発見しピックアップ（拾い上げる）できた時に様々な行為が可能となるような情報のリソース（資源）」です。
　「環境」とは、私たち動物が居つき、暮らし、知り尽くした「身のまわり」や「住み処」、「縄張り」のことです。また「対象」とは、私たちの身のまわりに散らばっている様々なものを指します。私たちが暮らしている環境には、対象がたくさん散らばっており、独特な並び方＝配列で配置されているのです。
　さて、身体を使って行為するのは私たち動物です。情報を知覚し、発見し、拾い上げるのも私たち動物です。対象や環境が行為を誘うのではありません。自分が住み処としている場所やそこに散らばっているものは、動物がいないのならば、ただそこにあるだけの何かでしかありません。動物が身体を使って環境を動き回り、様々な対象・事象に出くわし、知覚し、発見する時、そこにアフォーダンスがあるのです。
　アフォーダンスは特別なことではありません。私たちは行為する時、必ず環境そのものや、環境中にある対象に行為の可能性を発見し、拾い上げ、行為に利用しています。一方でアフォーダンスは、動物それぞれの大きさや脚

の長さなどによって、利用できるかどうかは異なります。環境に埋め込まれている意味や価値は変わりませんが、動物が行為する時に利用可能かどうかは、動物の姿形や状態によって変わります。

対象や場所そのものが持つ大きさは変わらないのに、動物は個体ごとに様々な差があるため、どのような情報がピックアップされるのかが異なります。同じ対象なのに、異なる情報がピックアップされ、特定の行為をアフォードしたりしなかったりするのです。

例えば、大人が快適に座ることができる椅子であっても、幼い子どもにとっては高すぎて座ることができない場合、その椅子は子どもには座ることをアフォードしません。また、ヒトの小指ほどの大きさの小人がいるとして、彼や彼女が一時的な居場所にするにはネズミやプレーリードッグの巣穴程度がちょうどよいのですが、それらは小さすぎて、ヒトにはそこに入ることをアフォードしません。

あるいは、私たちは座ることができる場所にしか座りません。無理をして座っても、長時間座り続けることはできません。この時、座れる場所が私たちを誘い込み座らせるのではありません。それは私たちによってすでに発見された、座って話したり食事したりできる場所です。

私たち動物が居ついている環境の中には、そのようなくつろげる場所は必ずどこかにあります。そのような場所がない環境は、私たちに居つくことをアフォードしません。私たちはその環境に居ついているなら、住み処にある様々な物事の意味や価値を知り尽くしているのです。私たち動物は、すでに発見済みの住み処で座り、落ち着き、食事をします。

■アニメーションにアフォーダンスを埋め込むこと

アニメーションに私たちヒトと同じような生き物が暮らしていることを描く時にも、アフォーダンスが必ず埋め込まれています。環境やそこにある対象を描き、そこで登場人物が行為するのですから、アフォーダンスは自ずとそこにあるようになります。

逆に言えば、「登場人物がこのような意図を持ち、ここで行動し、何かに

出くわし、何かをしでかす」ように物語を、あるいは環境と対象と行為を作るのなら、アフォーダンスのことを考えなければなりません。どう見ても行為ができない場所や対象を作ってしまうと、そこで物語を展開させることはできません。

　実際にはそんなに難しいことではありません。アニメーションを作る時には、主人公など登場人物の住み処、あるいはもっと広めの縄張りを作り、モノ（対象）を置き、出来事（事象）を描き、そこで動かすのだということを念頭に置いて作品を作れば、自ずとそこにはアフォーダンスがあります。特に、強い意図を持って登場人物を動かそうとして作品を作っているのなら、そこには適切なアフォーダンスが必ず埋め込まれているでしょう。

　ここであり得ない行為を動物がしてしまうと、それはファンタジーを通り越して、ただの不可能な、意味の無い映像になってしまいます。「それこそが面白い」という狙いがあるなら、それもいいかもしれません。実際、不可能なことを並べて、それでもやってしまう作品の中には、その不可能さや破天荒な行為が魅力あふれる作品を作り上げることもあります。

■ 『かぐや姫の物語』のファンタジーとリアリティ

　故・高畑勲氏が監督した『かぐや姫の物語』という作品があります。この作品には「リアルな動き」を表現するために、1コマずつ絵を見ると「これが本当にリアリティのある動きを作っているのか」と感じてしまうような、「思い切った表現」があります。それは、あえて不可能に見えることをやってみる、ということとは全く異なります。そこにあるのは、ファンタジックでありながらリアリティ、実在感あふれる動きです。

　高畑氏はリアリストだったと、片渕須直監督は指摘しています。アニメ映画「火垂るの墓」や「おもひでぽろぽろ」の監督であることを考えれば、そのことがよくわかります。

　『かぐや姫の物語』を観ていると、滑稽に誇張された動きや「かぐや姫」の成長などに「ファンタジー」を感じます。その一方で、登場人物がリアルに動くことや、月からやってきた「宇宙人」のリアリティに驚きます。

序章　いつの間にか私のすぐそばにあり、あまりに魅力的で

　ご覧になったことのある方の中には、特に、「名付けの宴」から逃げ出すかぐや姫の疾走シーンが印象に残っている方も多いと思います。あれほどリアルに心の動きと身体の動きを描いているアニメーションは、そうはありません。しかし1コマずつ見ると、かぐや姫は一体どこにいるのかというくらいに「ヒトの形を失った」彼女が描かれているのです［カラー口絵❹］。
　「あり得ない形」を連続させて動きを作ることでアニメーションが描かれているなら、その場面はファンタジックに見えてもおかしくありません。しかし、あの場面にはファンタジックな「かぐや姫の疾走」が描かれているようには見えません。むしろ、リアリティあふれる「かぐや姫」の「疾走」が描かれている、と感じるのではないでしょうか。
　そう、あの場面は「あり得ない形」を連ねて描かれた「リアルな疾走」なのです。人物の形を描かずに、かぐや姫の疾走をリアルに描いているのです。ここに、アニメーションの「ファンタジー」と「リアル」が混ざり合った場面があります。ヒトの姿をしていない何かが、動かすとリアルな「かぐや姫の疾走」となって私たちに見えてくるのです。
　ここで感じられる「疾走のリアリティ」とは、どのようにして作られ、私たちの眼に届けられたのでしょうか。この場面を作ったのは、アニメーションの作り手、アニメーターです。彼らが「かぐや姫の疾走」を見る者に感じさせるために、それがわかるような絵を描き、時間の矢に従う順序通りに並べて「知覚情報」を作っているのです。私たちはここに作られた「視てわかる知覚情報」をとらえているのです。
　この時、かぐや姫の姿形はむしろ邪魔になります。「かぐや姫の疾走」を表現する時には、「かぐや姫の疾走」を感じさせる情報の方が重要で、かぐや姫の正確な姿形が描いてある必要は無いのです。「かぐや姫が疾走している」情報さえあれば、そこには「走っているかぐや姫」が実在しています。この「ヒトの形をとどめずに作られた疾走」という実在に、本書では生態心理学の「動きの不変項」という概念をもって迫ります。

■アフォーダンスと生態光学

　序章の最後で、本書の核であり、ベースともなる生態心理学のもう1つの視点、「生態光学」について紹介しておきましょう。

　生態光学の「主役」は、光です。生態光学とは、環境中にある光、それもありとあらゆる方向へと向かってゆく、環境中に充満している光の事実についての話です。そこにたとえ動物がいなくても成立する、環境中に充満している光の事実です。この生態光学が、視覚のアートであるアニメーションを理解するための重要な方法となります。

　一方、アフォーダンスの「主役」は、動物です。アフォーダンスとは先に述べた通り、動物が知覚して行為する時に利用する環境中の事実です。それは光によって成立する視覚の話だけにとどまるのではありません。ありとあらゆる動物、あまつさえ眼を持たない動物であっても、触覚や嗅覚によってとらえることができ、行為する時に利用できる環境中の事実です。アフォーダンスの話をする時、そこには動物の「知覚」と「環境」と「行為」と「身体」の事実が全て含まれています。

　色まで判別できる優れた眼を持っている動物である私たちヒトは、環境中の光の事実をとらえる視覚を用いて身のまわりの意味や価値、情報を得て、それを利用して行為しています。私たちヒトの行為や、アニメーションという視覚を用いた表現は、生態光学と、視覚に基づくアフォーダンスが利用されています。だから、ヒトにとって生態光学とアフォーダンスは、切り離せない環境中の事実なのです。

　アニメーションの、そして「こころ」と「身体」と「暮らし」の新たな見方を提起する本書をご堪能あれ――。

第1章 あなたのきめ細やかな肌を明るく照らす光

▶▶▶ 「身のまわり」を「描く」ということ

本章では、身のまわりを写し取った絵や写真を観察し、詳しく考えることで、自分の周囲に広がる場所、環境について、生態心理学からのアプローチで明らかにしていきます。また、私たちが物や風景を「見る」とき「何を見ているのか」について、また、時間帯が変わったり天気が変わったりするとき、何が変わっているのかについて考えます。

1）私たちが見て、描いているもの

1 環境～意味付けられた身のまわり～

　まず、ここで用いている「環境」について、ここではどのような意味を持っているのか紹介します。これは、ギブソンが提唱した生態心理学の基本中の基本です。

　私たちは身のまわりを動き回っています。ということは、動物の身のまわりとは、窮屈であってはなりません。その動物が生きられるほどの余裕があり、その中を不自由なく移動できることが、環境の特徴です。動物の移動を支えているのは、地面です。地面が移動に適した固さや滑らなさ（摩擦の大きさ）を持っているので、動物は地面の上で、立ち、座り、伏せ、歩き、走り、狩り、採り、食べ、排泄し、産み、産まれ、育ち、死に、暮らすことができます。また、私たち陸棲生物は、環境にいることで呼吸ができます。呼吸ができるのは、環境が空気に満たされているからです。また空気は、私たちが視覚、嗅覚、聴覚で捉えられる情報を伝えてくれます。

　また、環境中には、特別でない限り、様々な多くの物体が散らばって配置されています。これらは、それぞれの環境に特徴的な位置に並んでいます。

つまり、環境はそれぞれに独特な物の配置を持っています。そのため、場所を移動すれば必ず異なる配置に据えられた物に囲まれます。しかも、物とその配置は、それぞれ動物にとって異なる意味、情報、性質を持っています。

ここで、生態心理学の用語を使います。環境中に散らばって配置された物のことを、対象（object）と呼びます。以降、環境中に配置されている物体のことは、全て対象と書きます。

環境中に配置されているものは、動物も、植物も、植物以外の動かないものも、意味もなくそこにあるということはないのです。ヒトの手が入っている環境であればなおさらです。環境中に存在し配置されているものは、その環境を住み処にしている私たち動物の意図や意思が働いた結果、そこにそうしてあります。ヒトの手が加わっていなくても、自然環境にある山や川、岩や石ころ、木々や草は、必然といってもいいくらいに合理的に、意味を持って、そこにそうしてあるのです。石ころは元々大きな岩や崖にあった地盤から崩れ、転がって、そこにあります。木々の苗や森の下草、草原の草などの植物は、特定の条件が整っている場所に生えています。それら植物を直接食べている草食動物や虫は、自分が食べることができる木や草が生えているところに行きやすい場所にいます。肉食動物は、自分が餌としている食料、つまり小動物や虫などがいる場所に居つきます。このように、環境中に配置されている全ての対象は、自然科学の法則や条件に従いつつ、それぞれに意味があってそこに「在る」のです。

つまり、私たちは意味付けられていない、名前の無い空間ではなく、棲息できる場所、自分自身が慣れ親しんだ「環境」にいるのです。そして、動物の個体それぞれがいる環境には、たくさんの意味となり得る情報、性質があります。私たちが住んでいる環境（environment）とは、私たち陸棲生物が生きて行くことができるように、また、動き回ることができるように意味付けられているのです。

環境とは、動物が生きることができる、意味付けられた場所のことなのです。

ということは、商業用としてたくさん作られているアニメにせよ、個人の作家が作る「芸術的アニメーション」にせよ、そこに「居ついている」登場

第1章　あなたのきめ細やかな肌を明るく照らす光

人物にとっての「環境」を作ること、つまり、彼らのまわりを作るということはとても大事になってくるのです。そのアニメーションで描かれる場所はどんな場所なのか。彼らはどんな環境にいて、どんなものに囲まれているのか。これらの性質、意味を持つ環境を描くことは、実際にはこの世に存在しない主人公たちが本当に存在しているという感じ、まるで実在の「何者か」である感じ、すなわち「実在感」を作るのにも、それらに乗せてしっかりとしたメッセージを込めるにも、大きな働きをします。

環境がどんなところかを描かない作品もたくさんありますが、それは「面倒だから」「時間が無いから」描かなかった、というのではなく、考え抜かれた上で創られた作品といえるでしょう。このように、環境を描くか、描かないか、という選択は、作品の質を大きく左右します。

そのため、アニメーションを制作する前に、様々な設定や場所の設定は重要です。もし、これらを描かないのなら、環境に作品が依存しないようにするための準備が必要です。雰囲気だけを作ることで環境を設定しないという選択もあり得ますし、緻密な背景画を作ることで実在感を得ようとする方向性も考えられます。そこは、どんな作品を作りたいか、という意図に関わってくる問題です。

②　光・音・臭いを伝える媒質〜空気、水の働き〜

ここで一息入れましょうか。深呼吸しましょう。

このとき、私たちは何を吸ったでしょうか。

空気ですね。

私たちの「身のまわり」＝私たちが身を置いている「環境」はすべて空気で満たされているのです。

私たち陸棲生物は、空気がなければ呼吸ができません。また、空気は匂いの原因となる物質を拡散させる場です。また、空気を波立たせ音を伝えます。空気無くしては音も臭いも伝わりません。光は真空でも伝わりますが、真空の中では私たち動物は生き延びることができません。

前の項で少し触れましたが、ここでより詳しく説明します。

空気は、光を通し、音を伝え、臭いを伝えてくれます。また、空気は「この世界の全ての片隅に」、すなわちあらゆる環境において、均質に広がっています。このような性質を持った「動物それぞれの身のまわりを、彼らが棲息できるように均質に満たしており、生態心理学上の情報や性質を伝達できる媒体となるもの」を、媒質（medium）と呼びます。

　私たちのような、陸上で生活している動物、陸棲生物は、空気が充満している環境で大地を踏みしめていれば、障害物を避けながら移動できます。こうして、空気という媒質があるからこそ、私たちは生命活動をすることができ、知覚も可能になるのです。

　魚などの水棲生物にとっては、空気の中にいては呼吸することができません。代わりに、彼らは水の中にある酸素をエラなど使って身体に取り込み、二酸化炭素を排出して呼吸します。また水は、光がその中を通ることができるものであり、匂いを拡散させ、音を伝えます。魚や貝、クラゲなどの水棲生物にとっては、水が生命活動を支える媒質なのです。

　陸で生きる動物にとっては空気が、水中で生きる動物にとっては水が、今ここにあるすべての環境で生きられることを保証している、特別な媒質なのです。

3 照明された環境

　さて、自分の身のまわりを取り巻いている環境を見るとき、具体的に、私たちが「何を」見ているのかということについて考えます。

　物を、周囲を見るときに必要なものは何なのでしょうか。時間帯が違うときや天候が変わるときに、具体的に何が変わっているのでしょうか。

　私たちは、ある条件のもとでは「見る」ことができなくなります。それは、今この本を読んでいるのが自分の部屋だったり、授業を受けている教室だったりすると、簡単に確かめることができます。

　どういうことでしょう。

　まず、部屋のカーテンを閉めて、太陽の光が窓から入ってくるのをある程度でもよいので遮断します。次に、部屋の照明を落としてみましょう。随分と暗くなったのではないでしょうか。そうすると当然、環境やそこに散らばっ

第1章　あなたのきめ細やかな肌を明るく照らす光

ている物は見えなくなってきます。このとき一体何が変わったために、私たちには環境が見えなくなったのでしょうか。

まあ、すぐに分かりますよね。周囲の光が遮られて「光の量が足りなくなった」から、周囲が見えづらくなったのです。全く「光が無い」状態になれば、何も見えなくなってしまいます。

そう、物や環境を見るために必要なもの、それは光です。しかしそれは、ただの「光」ではありません。暗くなって見えないのは、照明が足りなくなったためです。環境や物を明るく照らす光が少なくなったのです。

私たちを取り巻いている環境やそこに散らばっているもの自身は、基本的には、光を発していません。何かに明るく照らされることで、ものが見えるのです。つまり、物や環境を見るために必要なものとは、照明です。ただの光ではありません、環境を照らす、照明として働く(機能する)光です。

自分の身のまわり、環境を見るためには、そこを明るく照らす光、照明が必要不可欠なのです。

4 明かりで照らされて初めて見える「対象」の「表面」

物が光によって照明されることで見えるようになる、ということはわかりました。では、照明されたことによって、私たちの目は、物の「何を」見ることができるようになったのでしょうか。「物」そのものだと思う方も多いでしょうが、もう少し細かく、具体的に考えてみましょう。

明かりで照らされるのは、物の表面です。それ以外のものはありません。ということは、私たちが見ているのは、物の表面だということがわかります。

ここまで「物」と漠然と言葉にしてきましたが、もう少し厳密に言葉を選ぶなら、私たちが見ているのは対象、オブジェクト(object)と呼べます。これもまた、生態心理学の祖、ジェームズ.J.ギブソンが用いている言葉です。私たちは、環境中に散らばっている対象の表面を見るのです。視覚では、対象の表面は、とてもとても重要な役割を果たしているのです。

もし、照明されている物が透明であったらどうなるでしょうか。透明な物は、照明されても光を通してしまうので、表面を見るのはなかなか難しくなります。

しかし一方で、無色透明という対象は、環境中には非常に少ないのです。無色透明の水というのは、そう簡単に環境中にはありません。例えば海の水には、様々な物質が溶け込んでいたり、藻が発生していたりするもので、無色ではないことも多いのです。

無色透明の水は、ある程度上側からやってくる光を通し、角度が浅くなるにつれて光を反射します。ですから、水の表面を描こうとするとき、まわりにある対象が反射されていることを描いたり、水底を描いたりすることで、水を描くことができます。

水だから水色、というようにはなかなかいかないものなのです。

水面というのは、見るときも、描くときも、それなりに厄介なものです。しかし、うまく描くことができれば、非常に美しい、しかも効果的な絵を作ることができるでしょう。

「物の本質」を見るときにも、私たちは「対象の表面を見る」ことによって「対象の本質」をとらえているのだ、といえるのです。そのことは、もう少し後で説明します。ただ、これだけは心に刻んでおいていただきたいのです。私たちが見ているのは、対象の表面なのです。それこそが、私たちの視覚を成り立たせているのです。

5 太陽光〜時間帯で変化する環境の照明と色彩〜

時間帯を変えながらスケッチしたり写真撮影すると、太陽光で照明された対象が、その色を変えているように見えることを発見できるでしょう。例えば、片渕須直監督作品『マイマイ新子と千年の魔法』の、防府の夏の昼の1場面です［カラー口絵❶❷］。

❶は、全体に色がはっきりとしていて、影が短く、太陽光は上の方から子どもたちを照らしていることが描かれています。私たちにはこの場面がまだまだ昼間の色だということが見て取れます。

では、時間が経って条件が変わると、どのように見えるでしょうか。

実際のフィルムに、同じ場所を時間帯を変えて見ている場面があります。❷です。色味が全体にわたってオレンジ色の風味を帯びています。また、

影が長くなり、太陽の方角がわかるかのように左上が白くなっています。このことから、先に取り上げた場面から時間が経過し夕方近くになっていることを、私たちは捉えることができます。

私たちは、このような色味の変化を捉え、時間帯や天候の変化をつかまえることができます。というより、私たちは照明の変化を、時間帯や天候を知覚する情報として捉えています。

私たちが「色を見る」とき、対象の色を見ているでしょうか。それも十分に、対象が何であるかを見ようとするときの重要な情報になります。しかし、他にも重要なこととして挙げられるのが、色の変化が時間帯や天候を知覚する情報になっているということです。

ある対象の表面を見て、「本来の色は何か」ということを考え詳しく調べると、深みにはまっていきます。時間帯によっても、天候によっても、対象表面の色は変わってしまいます。

曙の色、朝の色、午前中の色、昼の色、午後の色、夕方の色、たそがれの色、夜の色――これらはすべて照明している太陽光や月光の変化により移り変わって行きます。晴れの昼の色、晴れの夕方の色、雨のときの色、黄砂のときの色、霧のときの色、曇りのときの色、これらも太陽光の照らし方によって変わってきます。

では、私たちは何をもって「対象の本来の色」というのでしょうか。もしかしたら、「本来の色」などないといっても差し支えないほど、色は照明によって様相を変えていくのです。ここは、さらに基本に立ち帰り、色とは何か、ということを考える必要がありそうです。

色とは何か。ちょっと考えてみましょう。

6 色の正体〜対象の表面、そこにある肌理、色彩設計〜

色について深く学ぶというのであれば、そのための参考書が様々にありますので、ここでは簡単な話にとどめておきます。アニメーションの色彩設計についてなど、色に関わる話は尽きませんが、それはまた別の話、といたしましょう。

ここで述べる波としての光は、私たちが見ることができる可視光線です。それ以外の波長の光はどうやっても見ることは出来ませんので、ここでは除外します。

　様々な対象の表面がどのような色に見えるのか、といえば、それはどのような波長の光を反射し、どのような波長の光を吸収するかによって決まります。そして、物体を構成している様々な物質は、それぞれ独特な光を吸収し、反射します。その光の波長の詳細を科学的な方法で分析すると、ある対象がどのような物質が寄り集まってできているかということすら調べられます。しかし、それだけで対象表面の色や性質を再現することは不可能です。また、様々な対象を記述し、その表面がどのようにして出来上がっているのか説明するには、まだまだ足りません。これも不可能と言っていいでしょう。純金のような、純粋な元素の塊が目の前にあるとしても、です。

　カラーページの２枚の写真をご覧ください［カラー口絵❸❹］。被写体に選んだのは、スウェットに乗っているネコです。写真❸は、フラッシュを使っていません。写真❹はフラッシュを使って撮影しています。それぞれ、何色に見えるでしょうか？　両方とも黒じゃないか、と思う方も多いでしょう。しかし、スウェットの色も若干違っていますし、ネコに至ってはフラッシュの光を毛並みが反射し、黒く見える部分と白く光って見える部分がくっきりと分かれています。照明している光が、全く異なるのです。

　この２枚の写真は、室内で、カーテンを引いて撮影しています。そのため、カーテンを通過した光でスウェットやネコが照明されており、照明する光は昼白色ではなく、青みがかった色になっています。フラッシュはかなり白い色で、瞬間的に強く照明します。これだけで、ここまでの差が「黒」という色に生まれるのです。

　では、ネコとスウェットに、フラッシュの使用、不使用によってなぜここまで差が生まれるのでしょうか。それぞれの表面を接写して、細かな部分まで撮影してみました［カラー口絵❺❻］。

　スウェットの表面は、編まれたメッシュのようになっています。黒い糸の織られた布で、織った糸の並び方も少し判るようになっています。

第1章　あなたのきめ細やかな肌を明るく照らす光

　では、ネコの表面はどうなっているでしょうか。真っ黒のようでいて、光が当たると実は完全な黒ではなく、濃い茶色のような色であったことがわかります。毛並みがあり、同じような方向に向かって毛並みの流れがよく分かるように撮影できました。もちろん、照らされている部分の一部は、光を反射して白く写っています。

　この2つの表面、一体何が違っているのでしょう。

　この2枚の写真で撮影された表面で異なっているのは、肌理（きめ）です。表面の肌理が違うのです。

　全体をとらえている写真を見るとよくわかりますが、スウェットの布には全くつやがなく、フラッシュの光を反射していません。ネコの毛並みはつやつやでフラッシュの光をはっきりと反射しています。

　接写してみると、スウェットの表面には織物としての表面の模様があり、ネコの表面には毛並みがはっきりと映し出されています。この、表面の肌理の違いが、全体をとらえている写真では、フラッシュを使うか使わないかによってはっきりとした違いとして現れるのです。このように、表面の肌理の違いによって、表面の色や見え方は様々に変化します。

　アニメーションの色彩設計を行うとき、このような表面の肌理の違いまでも考慮しつつ色を決めなければなりません。どのような色か、というときに心がけなければならないのは、その表面の肌理、凹凸などがどうなっているかということまで考えなければならないわけです。

　アニメーションではほとんどの場合、キャラクターをデザインするとき、「もとの色」として、明るい部分の色と影になっている色をあらかじめ決めてから、彩色しています。

　この手順およびそれを担当するスタッフのことを色彩設計などと呼びますが、ここで行われるのは、アニメーションで作られる登場人物や小道具などの色の設計であり、ここで「このキャラクターはどんな色なのか」「この場面で使われているこの対象の色はどんなものか」を決めて、彩色（仕上）へと送られていきます。しかし、ここで見た通り、「もとの色」が何色なのかわからない、というのが、私たちがいるこの環境の色の見え方の事実です。最初から「も

との色」を決めるのは、手間を省く方法の1つなのだと言えるでしょう。

　これに挑戦した作品があります。映画『この世界の片隅に』の片渕須直監督が、同じく監督を務めた『アリーテ姫』というアニメ映画です。

　これは片渕監督から直にうかがったことですが、『アリーテ姫』は、コンピューター上で「仕上」、つまり色付けができるようになった最初の頃の作品で、片渕監督はデジタル彩色の色数の多さを利用して、「もとの色」を設計せず、すべてのカットごとに1つ1つ、照明の角度や色、周囲の状態などを考慮しながら色彩を設計したそうです。ご本人がおっしゃるには、「いや。たいへんでしたよ」とのことです（片渕須直監督とのTwitter上での筆者とのやり取りから）。

　確かにこのやり方は、これまでお話しした通り、実際の色彩の見え方に沿った方法です。しかし、その作業量は多くなることは間違いありません。こうまでして、色彩によって「作品の世界」と「登場人物」の実在感を得ようとした作品は、少なくとも私は聞いたことがありませんでした。それを片渕監督は行っていたというのです。

2）対象表面の肌理を見るということ

1 対象の表面はそれぞれ独特な肌理を持つ

　前の項目で、「表面の肌理」のことにちょっと触れましたが、これがとてもとても重要なことなのです。対象の表面は、それぞれの対象に独特な肌理を持っているのです。

　対象表面がどんな表面であるかという性質は、それぞれの対象に独特なものであり、その対象が何かを見抜くときに利用可能な、極めて重要な情報になるのです。さらに、この表面の肌理は、視覚において非常に重要な役割を果たしています。これについては次の章で本格的に取り上げます。ここでは、対象の表面の違いによってどのように見た目が変化するのかについて取り上げていきます。

　次ページの一番上の写真に写っている、道路の表面の肌理について考えてみましょう。道路に微妙な色の違いが浮かび上がっているのが見えるでしょ

第 1 章　あなたのきめ細やかな肌を明るく照らす光

う。肌理の状態が見ただけではわからないときは、触ってみるとよくわかります。危険でない限り、表面に触ることは、その表面の肌理や性質を肌で、触覚でとらえることができるので、それぞれの表面

についてとても重要な情報を集めることができる手段です。実際、ここで色が異なるように見える部分を近くで見たり触ったりすると、そこが異なる手触りを持ち、異なる肌理を持っていることがわかります。黒い部分は比較的新しく舗装されたところで、すべすべで凹凸があまりありません。その一方で、白っぽく見える部分はざらついています。同じアスファルトでも、肌理が異なると色まで異なって見えるのです。

　実際に、これらの場所の肌理がどうなっているか、路面に寄って撮影した写真も紹介しましょう。まず、1枚目は晴れて路面が乾燥しているときの、白っ

ぽく見える路面に寄った写真（上）です。肌理の構成要素が粗く、色も単なる黒や白ではなく、それらが乱雑に散らばっているような表面です。触ってみると、かなり凹凸がはっきりとあります。次に写真（下）は、同様な条件のもとで黒っぽく見える、比較的新しく舗装された路面の肌理の様子です。舗装されてからまだ日が浅いのか、表面はなめらかで、ほぼ黒灰色で、肌理も緻密です。

比較してみると、ずいぶん違うものです。見た目だけではなく、手触りも全く違います。前者は粗くでこぼことしていますが、後者は凹凸が緻密になっています。この肌理の違いが、ある程度距離があるところから見てもくっきりと違って見える、というのが、表面の肌理の違いから起こるわけです。雨が降ればなおさらその様相が変わってくる、というわけです。

② 肌理の構成要素は入れ子になっている

1つ注意しておきたいのは、肌理の構成要素の大きさを決めるのは、私たちの知覚です。肌理の要素の大きさは実はどれくらいの大きさにするのも構わないのです。

遠くにある対象の表面の肌理では、肌理の構成要素の大きさはキロメートル単位になり得ます。遠くにありすぎて、対象が小さくしか見えないからです。例えば月の表面を見ようとすると、比較的滑らかな表面があり、でこぼこした表面があることが何となくわかり、月の模様として知覚されますが、このときの肌理の構成要素は非常に大きなものになっています。近くにある細かな肌理の構成要素はミリメートル単位、あるいはもっと小さな単位になるでしょう。ネコの毛並みやスウェットの表面は、近づいて撮影するとよく見えますが、このときの肌理の構成要素の大きさは10分の1ミリくらいの大きさになっているでしょう。さらに言うと、これらの肌理はより大きな肌理を構成する一部になっています。ある肌理は、それ自身よりも大きな肌理の構成要素であり、同時に、より小さな肌理によって構成されています。肌理の大きさは入れ子になっているのです。単位を設定する必要は無いのです。それを決めるのは、私たちの視覚、知覚です。

③ 表面の肌理と色について

では、アスファルトで舗装された道路の「やや白っぽい灰色に見える部分」と「なめらかでやや黒っぽい灰色に見える部分」、どちらが「本当のアスファルトの色」でしょうか？

答えはありません。どちらもアスファルトであることに変わりはないでしょ

第1章　あなたのきめ細やかな肌を明るく照らす光

う。しかし、肌理が違います。それだけで色が異なるのです。表面の肌理は、このような形でも私たちに表面の状態の違いを示してくれるのです。

　ここが例えば、雨に濡れていると、さらに異なる様相を呈するようになります。

　同じ道路が雨に濡れているところをほぼ同じ場所から撮影したのが下の写真です。表面の肌理が粗くでこぼこしている部分と新しく舗装されたなめらかな部分では、これも全く異なる見え方になっています。黒々と見える部分は光を反射しており、うっすらと向こう側にあるマンションが写っているのがわかります。その向こう側は粗い部分に光が乱反射しているのか白く見えます。

　ここで取り上げた路面という地面、地球の表面は、いわゆる「アニメ」では「背景」になり、「彩色」の工程に送られるものではないでしょう。しかし、表面の肌理の違いだけでここまで見え方が変わるものなのです。

　これは例えば、ヒトの肌についても言えるでしょう。まさに肌理というだけのことはあるのです。乾燥しているつやのない肌、アトピー性皮膚炎でぼろぼろの肌、油でテカってしまっている肌、健康的でみずみずしい肌、しわが増えている肌、日に焼けている肌など、日本人が属するモンゴロイドの肌だけで多様な肌があり得ます。さらにこれに黒人のヒトの肌、白人のヒトの肌が加わればさらにバリエーションが増えます。かつては色鉛筆に「肌色」なる色が入っていたのですが、これは一体どんな基準を持ってそれを「肌色」だと言い張っていたのでしょう。今や逆に「肌色」だけを幾つも取りそろえた高級な色鉛筆もあるそうですが、それでもヒトの肌は描き分けられるものではないでしょう。1人として自分と同じ肌の色をしているヒトなどいません。さらに、日向にある肌と日陰にある肌では色が全く違います。どちらが「本当の肌の色」なのかと問われても、わかるものでもないでしょう。

また、衣服として利用されている生地についても、実に様々なものがあります。材料は同じでも、つやのないものから光沢がしっかりあるものまで作ることができますし、同じ繊維でも織物とニットでは全く異なる肌理を作り出します。水に濡れたときに透けるものもあれば、透けないものもあります。むしろ水に濡れるとテカるものもあったりします。肌に密着するようにフィットするものもあれば、ゆったりと包み込むような生地もあります。それらを組み合わせることによって衣服はできあがっています。そのことを考えるだけでも、どのような材質で衣服が作られているかをきちんと決めておかなければ、衣服の色彩設計もできないということになります。

4 表面の肌理と、それが持つ意味

　しかし、ちょっと待て、と思う方もおりましょうか。

　アスファルトで舗装された路面、衣服の布地、ヒトの肌と、ここで3つ例を挙げ、それらが多様な表面を持っているとここで述べました。それならば、何故ここまで多様である表面を見ただけで、それが「路面」「布地」「皮膚」であることが分かるのでしょうか。

　この話は次章で詳しく説明いたしますが、ここで少しだけ触れておきましょう。これら3種類の「表面」には、多くのバリエーションがありながらも、アスファルトの路面であればアスファルトの路面に特有な、衣服の生地であれば衣服の生地に特有な、ヒトの肌であればヒトの肌に特有な、それぞれを「それだ」とわかる「情報」「性質」があるのです。この、「不変な情報、性質」こそ、ここで取り上げている生態心理学の知覚についての考え方の肝なのです。

　ここまで、本章では物、すなわち対象には表面があり、それは明るく照らされることで、つまり照明されていることによって、私たちはこれを見ることができるということを述べました。次章ではさらにこれを展開し、実際に目に届く光とはどのようなものか、そして「その光に情報を持たせるものは何か」といった話題で展開します。その上で、表面の肌理が持つ性質、情報がどのようにして目に入ってくるのか、そのことについて考えていきます。

となりの異世界人
——『転生したらスライムだった件』

　私たちヒトは通常、光が織りなす情報をとらえる方法を持っています。眼だけではこのことは成立しません。私たちは全身を駆使して光が形作っている情報をとらえています。

　もし、光が無い環境に私たちがいたら、どうなっていたでしょうか？ 動物は環境を知覚していなければ、そこで生活することはできません。光があったからこそ私たち動物は光を捕らえる機能を持った身体の一部、「器官」として眼を持ちました。私たちのような感覚が鋭い眼を持つ動物はあまりいません。私たちが光あふれる環境で暮らしていたからこそ、私たちは光が織りなす情報をできる限りとらえようとして眼を作った、という方がより正しいでしょう。

　では、もし私たちが不慮の事故などで命を落とし、私たちが暮らす世界とは異なる世界——異世界に、眼を持たない生き物、例えばスライムに生まれ変わってしまったら、一体どうなるのでしょうか。

　そんな話を展開しているマルチメディアコンテンツがあります。『転生したらスライムだった件』という作品です。私は2018年にTVアニメ化された作品を見て、初めてこの作品に触れました。

　この話の中で、主人公の「人が転生したスライム」が「周囲を見ることができる」スキル（能力）を手に入れる件（くだり）があります。彼は光の無い洞窟で目覚め、付け加えれば「眼」にあたる器官も無く光を感知することができなかったため、最初は「盲目」でした。

　しかし、友人となったドラゴンのアドバイスもあり、彼は視覚のような機能を持つ強力な能力を手に入れました。「魔力感知」というもので、これは彼が暮らす異世界の環境を満たす「魔素」が織りなす情報を知覚できるようにする能力でした。この能力を得たスライムは「まわりが見える！」という台詞を吐くのですが、これは本当に「見えている」のでしょうか。

生態心理学に従えば、スライムが得た知覚は私たちの「視覚」とは全く異なります。転生した世界にも光はありますが、もとより眼を持たないスライムは光の情報をとらえられません。その代わりに、彼は環境中を満たす「魔素」を知覚する身体を手に入れ、「視覚」と同等の知覚ができるようになったわけです。

　光が無ければ光合成もできませんし、適度な温度を保つこともできないので、光が無い世界には生命の誕生がないことは容易に察することができます。それでも、もし私たちが視覚で光を捕らえるという戦略をとらなかったらどうなるでしょうか。

　その答えの一端を示してくれたのは、とあるトーク番組に出演した全盲の弁護士の言葉です。「盲目の私たちにとって、雨の日は楽しいものです。周囲にあるものを雨音の変化で捕らえられるので、普段はわからない様々なことがわかります」といった内容でした。

　エコーロケーションという、音の「場」を知覚することで周囲を把握することができる、という話は確かに聞いたことはありました。しかしそれが実際に盲目の方の口から出た言葉として聞いたのはこれが初めてでした。まさに「目からうろこが落ち」、「『異世界』がこの世にもあるものだ」という実感を得ることができました。

　目が見えないからといって、世界のことがわからなくなるのではないのです。ただし、その「環境のとらえ方」はまさに「視覚に機能不全がある者にとっての環境の知覚」です。彼らは「晴眼者（視覚に障害のない者）と変わらない」ということはあり得ません。全盲の彼の雨の日の話は、「視覚が十分に働く者」が全く知らない環境の話でした。そうだとするなら、盲目の方々は「健常者」の知らない「異世界を生きている」という方がふさわしいのではないか──。そんなことを考えるようになりました。

　私たちがもし、あのスライムのように五感以外の情報を知覚できるのだとしたら、環境はどのように知覚されるのでしょうか。

　ちょっと楽しみです。

第2章 あの人を見つけて走りだせば、風景も流れだす

▶▶▶ 私たちを包み込み環境を満たす、意味を持つ光の列

　本章では、環境中に散らばっている対象の表面からやってくる光と、それをとらえ知覚する要となる眼の話をします。

　このように書き出していますが、実は、この章での主役は眼ではありません。もちろん眼も重要なものの1つですが、話が進んでいくうちに眼も必要なくなってしまいます。

　この章での主役は、またまた光です。それも、ただの光ではありません。私たちをすっかり取り囲んでいる光です。この光に、とても重要な性質があるのです。この光には、視覚にとって最も重要な情報が埋め込まれているのです。

　とはいえ、少なくとも私たちが眼で身のまわりに広がるものをとらえようとするなら、眼の話は欠かせません。しかし、ここで眼についての詳しい話をすると、眼の話だけで1冊の本が書けてしまうくらい、様々なものが含まれています。これに関しては他の本に任せ、ここでは私たちの眼がどのようにして、私たちの身のまわりに広がる環境から情報を得るのか、という話をしていきます。

1）アニメにおいて環境を描くときに描かれているもの

1 環境と、そこに散らばって配置されている対象

　まずアニメにおいて、環境、それも私たちが様々な対象で取り囲まれているような場面では、一体何が描き込まれているのかということについて、実際のアニメからすくい取っていきましょう。

　様々なアニメーションで、主人公や重要な登場人物の自室が描かれています。ここでは片渕須直監督『マイマイ新子と千年の魔法』の1場面を具体例

▶▶▶ 私たちを包み込み環境を満たす、意味を持つ光の列

として挙げて、何があるのか、そしてそれらがなぜ見えるのか、ということを考えていきましょう。

右の場面は、この作品のもう1人の主人公、貴伊子の部屋に、主人公の新子が初めてやって来た場面です。

片渕須直監督『マイマイ新子と千年の魔法』より
©髙樹のぶ子・マガジンハウス/「マイマイ新子」製作委員会

髪がおかっぱの、カメラに背を向けている女の子が新子で、ちょっとおしゃれな、カメラに横を向けている女の子が貴伊子です。新子はまだ打ち解けていないのか、初めて貴伊子の家にやって来たからなのか、あるいはその両方があって、もじもじしています。ベッドに座っていますが、遠慮がちで手や足の指が落ち着かずくりくりと動いています。

貴伊子の部屋に様々な家具や小物が置かれています。それらの対象は、貴伊子の部屋に独特な場所に配置され、2つとない独自の環境を作り上げています。この部屋は貴伊子の部屋なのだということが一目でわかるくらいに、この部屋に特有の対象の配置を構成しています。

2 輪郭線は存在しない

貴伊子の部屋のように、特定の環境には対象が配置されています。すると、観察点、私たちの眼に対して近くにある対象が、奥にある対象を蔽い隠しています。ここに挙げた絵では、新子や貴伊子の身体が、その奥にある対象を蔽い隠しています。だから、彼女らの身体に遮られた部分の、奥にある対象は隠れて見えなくなっています。そして、隠す部分、隠される部分の境目には線が引かれています。少なくとも、私たちには、そこに線があるように感じられます。

しかしギブソンは、ここで描かれているような線で描かれているものは線ではないというのです。それどころか、環境中にはいわゆる「線」は存在しない、とまで言うのです。では、生態心理学ではこの「普通、線に見えるもの」

は一体何だというのでしょうか。

　ここの議論は、生態心理学で視覚を考えるときの、数ある重要な事柄の中でも、とりわけ重要な肝の1つです。そして、さらに議論を進めると、私たちはどのようにして部屋の様子と対象の配置を視覚で知覚しているのか、という問いが、どうしても浮かび上がるのです。

③ ふり向く人物の立体感

　もう1つ、ここでアニメの1場面を取り上げることにします。それは、人物がふり向くとき、表面の肌理の見え方に何が起きているのか、ということです。例えば、これも『マイマイ新子と千年の魔法』の1場面ですが、平安時代の少女時代の清少納言、諾子が背中から家来の話を聞いているとき、彼に文句を言うためにふり向きます［カラー口絵❼］。

　このとき、彼女がなぜふり向いて見えるのか、また、ふり向くとき表面に何が起きているのか、ということについて、表面の肌理の話だけでは説明ができません。その表面の肌理は、どのようにして私たちの眼でとらえることができるのか、という話が謎として立ち上がって来ます。もちろんそこには光が介在するのですが、その光は一体どんなものなのでしょう。

　そして、ふり向きは平べったい表現であるアニメに、身体のカタマリ感、立体感、肉感を与えてくれます。諾子のふくれっ面に、その頬のやわらかさや体温、しっとり感までも伝わってきます。しかし、それがどのようにして表現されるのか、ということを考えても、同じ謎が立ち上がって来ます。この章では、それらのことを語る準備、「ふり向き」をとらえ知覚するために必要な知覚の原理を語る下準備をします。少々難しく、長い文章になりますが、がんばって付いて来ていただければと思います。

2）環境から眼に集まる光の束

① 包囲光〜環境に充満する光〜

　私たちの眼にやってくる光について考えるために、まず、自分の眼の位置

を固定することから始めましょう。こうしないと語れないことがあるためです。とりあえず身体の位置を決め、首を固定して、眼の位置を変えないように工夫してみてください。そのかわり、眼は上下左右に動かせるようにしておきましょう。ここでは、あくまで眼だけを動かし、首を振らないように注意してください。その状態で、何が見えるでしょうか。

このとき私たちが見ているのは、すべて何らかの対象の表面であることがわかります。様々な対象が身のまわりに散らばっている環境中で眼を動かすと、対象の位置は変わらずに、自分がどの対象を見ているかだけが変わるのが分かるかと思います。

対象の位置は変わりません。自分の位置も変わりません。自分の眼の位置も変わりません。見ている眼と、環境中の対象の配置、位置関係が変わらないので、動いていない対象の表面がその場にあり続けるのは当然です。眼を動かせば見えるものが変わる、ということはないのです。眼だけ左右に動かすことは、首を左右に振って左右を見るということとは違うのです。首を振ると眼の位置が変わるのです。眼の位置が変われば、環境中の対象と自分の眼の位置関係が変わるのです。

眼の位置が変わらずにとらえるもの、それは、そこにあり続ける対象の表面です。そのとき、動きなく「止まり続けている」対象表面は動きません。表面が変化しているのが見えるとしたら、それはそのまま、その表面を持つ対象が何らかの変化あるいは変形を起こしていることを示しています。当たり前ですが、対象表面の位置が変わっていくように見えるものは、ほとんどの場合移動しています。

ここで、自分の背中側に広がる環境を見てみましょう。厳密に言えば、眼の位置を動かしたくありませんが、まず無理ですので、普通にふり向くだけにしましょう。これで何がわかるのでしょう。これまで見えていなかった背中側に広がる部屋の環境が目に飛び込んでくるでしょう。これらの対象は、そうしてふり向いて見るまでは存在しなかったのでしょうか。

そんなはずありません。それらは、ただ、ふり向く前には自分の眼には見えていなかっただけ、です。背中に隠されて、さきほどまでの位置にあり自

分が眼を向けていた方向からは、後ろ側にある対象の表面は見えなかったのです。後ろをふり向いて見えてくる対象は、「さっき」からずっとそこにあったのです。

「今、この場所から見えるもの」のうち背中側にあるものは、私たちの身体そのものに遮られて見えません。「今、この場所から見えるもの」には、自分の後ろ側にある対象が含まれないということです。しかし、ふり返って見れば、そこにも自分の眼に向かって対象表面からやってくる光があるのです。その光は、見えていないときでもそのままそこにあったわけです。また、首の状態を元に戻せば、ついさっきまで見えていた対象表面が再び見えるのです。

　今まで見えていたものを全て記憶する必要はありません。ある程度の時間内、1分か1時間、あるいは1日、1週間、1年、はたまた5年くらいは、対象は動かさない限りそこにあり続け同じ表面を環境にさらしていますから、「どんな場所だっけ」とか「どこにいるんだっけ」という疑問が浮かんだなら、かつて自分がそこにいたときの位置に自分の眼をまた置いて、もう一度同じ方向で環境を見ればいいのです。「眼で見ること」に関して言えば、記憶は必須の参照枠ではないし、脳にためておかなければならない、知覚にとって必須の情報ではないのです。そのくらいの時間の中では、周囲の状況は持続しているのです。

「今」と「さっき」、「ちょっと先」はおろか、周囲の環境が変わらない限り、私たちが眼でとらえる表面や地面はつながっています。時間的にも、場所的にも、行き来できる場所なら、記憶に頼らなくても、それらの場所は持続しているのです。だからこそ、ギブソンは "What is seen at this moment from this position does not comprise what is seen." ——「今、ここから見えるものだけでは、見ているものすべてを含んでいない」と言うのです（参考文献〔1〕p.175）。首を様々な方向に向け、身体ごと眼の位置を様々な場所に移動させながら視覚を働かせるのでなければ、その環境の全てを視覚でとらえたことにはならないと述べたのです。

2 包囲光とその配列

　ここまで「今この場所から見えるもの」について語ってきました。では、自分の身のまわりに広がる環境に散らばっている様々な対象の表面を眼で捉えることを可能にしている、視覚を成立させているものは一体何でしょうか。

　すぐにわかりますよね。光です。ただ、光と言っても、普通考えられているような光とはやや異なるのがわかるかと思います。

　光と言えば、ほとんどの場合、太陽や照明器具など、光源からやってくる光を思い浮かべる方が多いのではないでしょうか。しかし、それは実は、私たちの眼に届く光のうち、ごく一部のことでしかありません。その上、そういった光源に目を向けてしまうと、まぶしすぎて「光が焼け付いて」しまうような状態になり、例えばその状態で目を閉じると、光源があった位置に何か妙な模様ができて、そこだけ見えない状態が起きるでしょう。これは「何かを見た」ということとは違うのです。

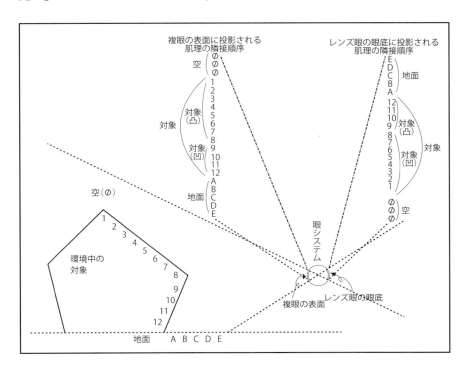

第2章　あの人を見つけて走り出せば、風景も流れだす

　私たちが「何かを見ている」というのは、あくまでも私たちの身のまわりにあり続ける対象の表面があり、その表面の肌理が持っている性質や知覚可能な情報を拾い上げることができる、という状態のことを指すのです。前にも述べましたが、光源が有るか無いかではなく、対象表面が照明されているか否か、ものが明るく照らされているか否かが重要なのです。加えて、対象の表面から私たちの眼に、表面からやってくる光が届くかどうかもまた、欠かすことのできない条件です。それを表しているのが前ページの図です。

　ただ周囲に光があるだけでは、身のまわりが見えていることを保証してくれません。濃霧で視界が遮られている状態を思い浮かべてください。何も「見えない」ですね。対象表面から来る光のすべてが、霧に阻まれて眼に届かなくなっているのです。これでは、たとえ自分の身のまわりが光で満たされていても、「見る」ことは成立しないのです。このようなことからも、私たちが「光を見ている」から「周囲が見える」とは言えないことがわかります。

　屋外で見上げてみると、空(そら)には表面がありません。空に雲があるときには「雲の表面」が見えます。そして昼間には、十分に遠い場所から地球を照らしている太陽があり、そこから光が降り注ぎます。

　ここまでのことを踏まえて、私たちの身のまわりにある光はどこから来て、どこに集まっているのか、考えてみましょう。

　部屋の中では、床、天井、そして身のまわりにある様々な対象の表面から私たちの眼に光が集まってきます。あらゆる方向から、私たちの眼に向かって光がやってきます。しかも、眼の場所を変えても、そこには先ほどまで眼に入ってきた光とは違う並びを持つ光に、自分の眼がさらされます。

　天井がない場所でも、空からは光が私たちの眼に向かってやってきますし、大地からも反射した光がやってきますし、大地に散らばっている対象からも光が眼に集まってきます。

　そう考えると、私たちのまわりには光が充満していることがわかります。

　このとき、私たちの身のまわりを満たしている光のことを、包囲光 (ambient light) と呼びます (参考文献〔1〕p.17)。包囲光は、たとえ眼がなくても、特定の位置に私たちが眼を置くことができる、環境を観察できる位置、「観察点」

（point of observation）を任意の位置に設定すると、必ずそれを取り巻く包囲光のセットがあります。自分が決めた観察点には、その特定の1点に向かって包囲光が集まって来ます。そして、そことは別の観察点には、その観察点ごとに全て異なる包囲光のセットがあります。

　包囲光とは、このような、私たちの身のまわりに充満し、まさに包囲している、私たちをすっかり取り囲んでいる光なのです。

③ 包囲光には情報や性質が埋め込まれている

　さて、もう一度部屋の中の対象を、任意の観察点から、つまり、自分なりに決めた場所から見てみましょう。相変わらず、様々な対象の表面から光がやってきています。それだけではありません。表面で反射し、私たちの眼に入ってくる光は、対象の表面それぞれによって独特な構造、配列を持たされているのです。

　対象の表面は、それぞれに特徴的な肌理があることを先の章で取り上げました。それら、独特な肌理を持った表面からは、その表面の肌理の構造と対になっている光が、私たちの眼に向かってやってきます。そして、対象の表面からやってくる光の束は、その表面の肌理の情報や性質と対になっている並びを持っています。この、表面独特の性質、情報が埋め込まれた包囲光の並び、配列を、「包囲光配列」（ambient optic array）といいます（参考文献〔1〕pp.65–92）。

　ここで、なぜ「順序」ではなく「配列」という言葉を使っているのか説明します。45ページの図を見て下さい。例えば「12345」という数字の並びについて考えます。もし、これが「順序」であれば、ただ並んだ数字ではありません。そこには最初が1、2番目が2、といった序列があります。これがひっくり返ると「54321」となってしまい、「順序」は変わってしまいます。

　では、順序ではなく、配列として「12345」を捉えます。配列ですから、上から「12345」と並んでいようが、下から「54321」と並んでいようが、その並び方、配列は変わりません。そこに方向が無いからです。

　ですから、表面それぞれに特徴的な肌理の配列は、対象がどの方向を向い

ていようが変わりません。時間に沿った連続する並びには、時間の矢に沿った方向があるため、「順序」(order) と呼びます。しかし、方向性が関係しない「配列」(array) の方は、対象がどのような位置にあっても、どこを向いていても、変化しないのです。対象がどの方向を向いているのかによって見え方は変わりますが、その向きを変えて元の並びにすることはできます。このとき、順序は考慮に入れませんから、肌理の配列は変わらないですし、そこから来る包囲光配列にも変化はないのです。順序は向きによって変わってしまいますが、配列は向きにかかわらず保たれるのです。そして、私たち観察者は、変化していない配列を見て、そこにある情報を拾い上げ（ピックアップし）、知覚しているのです。

　さらに、そうして表面の様子によって持たされた独特な包囲光配列には、その表面、ひいては対象の性質や意味と対になって、対象表面の性質や意味が埋め込まれています。ネコならネコの、スウェットならスウェットの、アスファルトの路面ならアスファルトの路面の表面が持つ性質や意味が、表面の肌理の対となる包囲光配列に埋め込まれているのです。私たちが視覚によって受け取っている知覚情報は、まさにこの意味や性質なのです。

3）不変項――表面それぞれが持つ固有な性質、情報、意味

① 表面にはそれぞれ独特な肌理の配列がある

　第1章で、アスファルトの路面や黒猫の毛並み、スウェットの表面が、見え方が全く違うにもかかわらず、私たち観察者はなぜ、それぞれの表面をそれだと見分け特定することができるのか、という問いを立てました。その答えとして、生態心理学では以下のように考えていきます。

　様々な対象の表面には、特有な配列があります。アスファルトの路面ならアスファルトの路面に、ネコならネコの毛並みに、スウェットならスウェットの布地それぞれに共通する意味、性質が配列に埋め込まれており、それら独特な表面の肌理の配列、構造によって対となる包囲光配列が形作られてい

▶▶▶ 私たちを包み込み環境を満たす、意味を持つ光の列

ます。ですから、私たちはそれら、対象表面の肌理と対になった包囲光の配列——包囲光配列（ambient optic array）を捉えることで、それぞれの対象表面と、そこにある意味、性質、いわばその対象が何であるかを示す本質を知覚することができるのです。

　このように、特定の場所から見える形や様子が別の場所から観察したときに違っても、いや、むしろ、見る位置によって形や様子が変化し、場所を移動することで見かけの形が異なるからこそ現れる、対象が何であるかを私たちが知ることができる意味、性質のことを、表面が持つ「不変項」（invariants）と呼びます。この不変項は、例えば路面のアスファルト舗装の肌理が違っても、ヒトのように立体的に複雑な形が変わっても、それぞれ保持され続けます。不変項は持続するのです。持続しているからこそ、私たちは表面の不変項をピックアップできるのです。

2 アニメーションは包囲光配列を作っている

　視覚に訴えるアニメーションは、キャンバスや動画用紙、粘土を載せる撮影台などを基盤として、対象とそれを表現できる肌理、さらには描いている対象と対になる光の配列を作ることで、対象がそれぞれ持っている不変項を埋め込むことによってしか表現できません。それはたとえ作ろうとしているアニメーションが、抽象的であったり、粘土アニメーションであったりするときでも、ちぎり絵アニメーションや砂に絵を描くアニメーションなどの方法を採用したとしても、です。私たちは、表現された視覚情報をピックアップしてアニメーションを鑑賞するのですから、どうしても、対象表面の肌理と、それが形作る包囲光配列を作らなければ、何も伝わりません。ですから、アニメーションを作るとき、作ろうとしているアニメーションが絵やCGであれ、粘土などの立体を用いるものであれ、「自分は、作り伝えたいことを表現をするために、対象の表面の肌理を作り、環境を作り、包囲光配列を作って、観る人に伝えようとしている」ことを、頭の片隅に入れておきましょう。

4）流れる光の束と包囲光配列――
   オプティカルフロー

1 オプティカルフローの正体――流動する包囲光配列

　さて、ここで観察点が移動するとき、包囲光配列にどのような変化があるのか、ということについて考えてみましょう。観察点が移動するということは、私たちヒトにとっては眼の位置を変える、ということです。例えば、身体の正面方向に移動する、つまり前方に移動するとき、包囲光配列にはどんな変化があるでしょうか。

　ためしにスマホカメラの動画撮影機能を使って撮影してみました。動画ですから再生ができればよいのですが、本という紙媒体では、連続写真を掲載するのが精一杯です。これらの写真で、何となくでも伝わるでしょうか。

　眼で見るときとは見え方が違いますが、だいたいこのような変化が起きます。

　私たちの眼の場合は、カメラレンズが広角になっているわけではないですし、もっと広い範囲を見ることができます。ただ、それを実際に見ようとすると、結構修練が必要です。どこにも焦点を合わせず、「どの対象もじっと見ていない」状態で移動しつつ、周囲の包囲光配列の変化の全てを眼に入れるよう

にしなければ、このときに起こる包囲光配列の変化をとらえることはできません。自動車の運転をする方は、例えば高速道路などでのドライブ時の「風景の流れ」を思い浮かべ、それを歩いているときの自分の環境の見方に当てはめてみましょう。

　そう、このようにして包囲光とその配列に変化をつかまえると、「風景の流れ」が見えます。風景とは、包囲光配列で構造化されている周囲の見え方そのものです。では、ここでなぜ「流れ」という言葉を私たちは使うのでしょうか。

　それは、自動車に乗っているときの周囲の見え方、つまり前方から迫ってきて後方へと過ぎ去っていくその変化が、流れる水を思い起こさせる、あるいは、本当に「流れ」としてとらえられるからでしょう。

　このような包囲光配列が流れるように見える変化を、ギブソンは「optical flow」と呼びました（参考文献〔2〕pp.186-188）。本によっては「光学的流動」と訳してあることも多いですが、カタカナに変換すると、3DCGで観察者の移動などを作るときに用いる言葉になります。「オプティカルフロー」です。オプティカルフローの提唱者もギブソンなのです。

2 光の流れの特徴

　ここでの写真を連続している動画として考えてみるとわかるように、進行方向の真っ正面には全く肌理が変化しない1点があり、そこを中心に包囲光が流れて行きます。流れの真後ろには、全ての包囲光配列によって特定できる肌理が収束していく1点があります。私たちは、肌理が広がっていく中心の方向に移動していることを知覚します。横を向いているときには、包囲光配列が進行方向上流から下流との流れるを見ることができます。後ろ向きのときは、進行方向とは真っ向反対の向きへと肌理が流れ去っていくのを見ることができます。このように、包囲光配列全体がいずれかの方向に流れるとき、私たちは流れの方向とは逆方向に移動していることを知覚します。

　自分の身のまわりにある包囲光配列の全体が動かないとき、私たちは自分が止まっていることを知覚します。しかし、包囲光配列の中で一部だけが流動することがあります。このとき、私たちは「自分が動いている」ことを知

覚せず、環境中の何らかの対象の位置が変化していることを知覚します。例えば、自転車が自分をよけて後方から前方へと移動していくとき、自転車から来る光の束の一群が流れていくことを私たちは知覚し、自転車がいずれかの方向に移動していくのを知ります。

このように、オプティカルフローは、包囲光配列全体が同じ方向に特定の流れ方で流動しているときには自分の移動を、一部が流動しているときにはその光の束を作っている対象が移動していることを、私たちに知覚させるのです。ですから、オプティカルフローは、単に3DCGで用いられるツールではなく、私たちが移動を知覚する極めて重要な情報なのです。

逆に言えば、移動する登場人物をアニメーションで作りたいとき、その登場人物からの見た目の映像を作っているのならば、進行方向を中心にして包囲光配列全体が流れていくように、画面全体の肌理を移動させればよいのです。また、移動している登場人物を前方からとらえつつ、カメラが後ずさるように移動する場合には、その登場人物に遮られ蔽われている部分に向かって周囲の光の束全体が流れていくのを描けばいいわけです。

とらえている画面の一部だけが移動しているときには、包囲光配列の流動は一部にしか起こりませんから、その部分の配列だけを変化させればよいのです。

オプティカルフローをCGのツールとして使えるようになった現在では、アニメーション制作アプリケーションに従って、いずれかの方向への移動を作ることができるようになりました。これを利用することができるアニメーションの表現を用いるなら、光の束の流れを作ることが比較的簡単にできます。

3DCGのオプティカルフローを使えない、使わない表現方法でアニメーションを作ろうとするときには、もちろんこの方法は使えません。それぞれのアニメーションの作り方によって、光学的流動や自分の移動を感じさせる何かを作らなければなりません。

様々なアニメーション制作方法があるのと同様に、様々な包囲光配列の流動を作る方法があります。

『リズと青い鳥』で描かれる「包囲物語配列」と、「共に生きる」こと、「協調して行為する」ことの奇跡

　私はずっと、『リズと青い鳥』には「物語は無い」とコメントしていました。しかし、正確に言えば、この作品には、他の多くの作品が持つ「いわゆる1本の太い物語」が無い、ということであって、この作品には物語は皆無であるということではないのです。むしろ逆で、この作品には物語は無数にあるのです。

　アニメーションに限らず、マンガ、ゲーム、小説、絵画、音楽など、多くの作品では、特定の目的のために物語を「整えて」1本の太い物語に仕立て上げています。しかし、『リズと青い鳥』では、そのような「物語の1本化」の作業が行われていないように感じています。

　この作品では「包囲光」のように、あらゆる方向に向かう無数の物語が、作品という「環境」全体を埋め尽くしているのではないでしょうか。その1筋1筋が配列を為して、カメラに、マイクに向かって四方八方から集まってくるわけです。これらが集まって、この作品の「物語」が、動きによって、環境によって、セリフによって作られているのです。だから『リズと青い鳥』の物語は、決して1つの大きな物語にならず、細い細い物語が各々の方向に向かっていくのです。その1つ1つを追っていっても、交差することはあっても、1つに束ねられることは無いのです。

　実は、私たちはそんな「物語で満たされた環境」に居ついているのでしょう。この作品は、それをそのまま作っているのでは無いかと、そう感じられてなりません。それぞれの動物、登場人物が意図を持って進んでいく「生」が、交差することすら奇跡なのです。

　この作品の主な登場人物は、群像劇と呼ぶには少ないです。作品の大部分は2人のメインキャラクター、鎧塚みぞれと傘木希美の描写に当てられています。ほとんどの場面で、どちらか一方は必ずその場面のどこかにいる、と言えるほどに、この2人にカメラが寄り添っています。しかし、この作

第2章　あの人を見つけて走り出せば、風景も流れだす

品のあらすじを書くのはなかなかに難しいのです。理由の1つは、作中作品として1つの絵本と1つの楽曲がある、三重構造になっているためです。『リズと青い鳥』という作品は、このアニメーション映画のタイトルであるというだけでなく、同じタイトルの絵本と、それに触発され作曲された吹奏楽曲でもあるのです。

　2人の主人公は、かみ合わずに一緒にいるという状態にあります。これらを全て含めた「あらすじ」は、この作品の公式HPやプログラムに書かれたオフィシャルなものが最適だと私は考えています。ここに引用します。

───　ひとりぼっちだった少女のもとに、青い鳥がやってくる　───
鎧塚みぞれ　高校3年生　オーボエ担当。
傘木希美　高校3年生　フルート担当。
希美と過ごす毎日が幸せなみぞれと、
一度退部をしたが再び戻ってきた希美。
中学時代、ひとりぼっちだったみぞれに希美が声を掛けたときから、
みぞれにとって希美は世界そのものだった。
みぞれは、いつかまた希美が自分の前から消えてしまうのではないか、
という不安を拭えずにいた。
そして、二人で出る最後のコンクール。
自由曲は「リズと青い鳥」。
童話をもとに作られたこの曲にはオーボエとフルートが
掛け合うソロがあった。
「物語はハッピーエンドがいいよ」
屈託なくそう話す希美と、いつか別れが来ることを恐れ続けるみぞれ。
───　ずっとずっと、そばにいて　───
童話の物語に自分たちを重ねながら、日々を過ごしていく二人。
みぞれがリズで、希美が青い鳥。
でも……
どこか噛み合わない歯車は、噛み合う一瞬を求め、回り続ける。
（「リズと青い鳥」プログラムより）

　彼女らの物語は、どこまで行っても交わることがありません。互いに一方通行で、向かい合っていないベクトルの上を、彼女らは進んでいくのです。2人が真の意味で向き合ったのは、この映画の終盤になってからでした。そして、映画は終わるのですが、彼女らの物語は終わることなく続いてい

くのでした。この2人は結局最後まで噛み合っていなかったな、というのが私の感想です。最後の一瞬重なるときがあるのですが、その場面に至るまでいったいどれだけの時間を一緒に過ごしていたのかを考えると、よくぞここまで交わらない2人をメインキャラクターに持ってきて作品にしてしまったものだ、こんな作品には滅多に出会えない、と感心してしまいました。

　プログラムに収載されたメインキャストと監督のインタビューで傘木希美役の声優、東山奈央さんの話の中で、監督の言葉としてこんなものがあげられていました。

「途中から途中までを描く物語」

　そう、確かにこのアニメーション映画には始まりと終わりがあります。また、この作品は「登校場面」で始まります。そして、時間は経過していきますが、カメラは学校から出ることなしに、ずっと学校内で映画が紡がれています。そして、とある日の下校場面で2人が一緒に下校する場面で終わります。その次の日から先にも、彼女らの時間は、物語は続くのです。

　たとえ同じ場面に2人がいても、彼女らの物語は交わることも混じることもなく、大きな1つの物語が紡がれていくことも無く、2人の物語が同時に語られつつ、それぞれ個々人が生きていく姿が描かれるのです。

　鎧塚みぞれも、傘木希美も、各々の物語を自分の方向に向かって生きているのです。みぞれは希美に特定の思いを抱いていますが、希美と同じ物語の筋にまとわりつくこと無く、自分の意図の方向へ進んで行きます。それが希美に影響されたものだとしても、彼女の一言に心動かされ自分の進路さえ決めてしまっていても、それは単にきっかけでしかなく、彼女は彼女の意図で生き抜こうとします。むしろ希美が、みぞれからの引力につかまっていて離れられないように感じます。

　これが何を意味するかと言えば、それは、「共に生きる」あるいは「寄り添って生きる」ことは、「同じ物語を生きる」ということではない、全く同じ物語を別々の動物個体が生きることはあり得ない、ということです。家族だろうが、恋人だろうが、性別関係なくつがいや群れを作っていようが、それぞれの動物個体が生きる「物語」、動物それぞれの意図や環境は同じものにならないですし、意図のベクトル、行為のベクトルは決して重なっているのではないのです。そんな動物たちが協調して行為すること、それぞれの時間と環境が交差することは、特別なことなのです。

第3章

なぜ、あの人の動きは艶めかしいのか

▶▶▶ 変われば変わるほど明らかになる
意味・性質を見る

第2章で、対象の表面にはそれぞれに独特な肌理の配列があり、それが包囲光配列を為し、私たちはそれをとらえることで、対象の表面に埋め込まれた、それぞれに独特な意味や性質、不変項を知覚する、ということについて述べました。
実はこれは、動きを眼で見て知覚するときにも言えることなのです。
本章では、動きをどのように知覚するかを、生態心理学の立場から眺めます。
動きが持つ不変項とはどのようなものなのでしょうか。それに従ったとき、動きはどのように作ることができるのでしょうか。
まず、動物が動くとき、それにともなって現れる動物の性質——意図、感情、気分について説明し、それらが現れる動き、不変項、そしてその作り方へと、考察を進めていきましょう。

1）アニメーションの「撮影」方法と制約について

1 映画のフィルムと映像の作り方

　ここで、映画のフィルムやCGによってどのようにアニメーションを「撮影」しているか、どのようにして動きを作っているのかについて、基本的なことを説明します。このことがわかっていないと、動きの作成でどのような特徴が現れるか、そして、アニメーションの作成方法によりどのような制約がかかるのか、といったことがわからなくなるためです。
　映画のフィルムは、多くの写真を縦に並べて作られています。その1秒当たりの枚数や、サイレント映画からトーキーに移るときの話は、映像の機械

やフィルムの歴史と密接に関わっていますが、ここでは割愛します。現在では、1秒当たり24枚の写真を並べ、そこに光を当てて、フィルムを連続的に、一定の速さで動かし、スクリーンに投射することで、映画の上映が成り立っています。ここ最近では、フィルムを使わず、直接ハードディスクから投影することもありますが、その速さは基本的には同じです。映画では秒速24枚ですが、パソコンやゲームの映像は、現在では毎秒60枚の絵（これをフレームと言います）を表示しています。

　このときの特徴として、1秒を24枚の絵に切るか、あるいは60枚の絵に切るかという違いはあっても、時間的に等間隔で画像が並んでいる、ということが挙げられます。コマの間隔を変えることは、基本的にはできません。ですから、時間を等間隔にスライスしていくというのが、映像作品の1つの特徴であり、それが映像作成時に制約を課することになります。この方法では、動きを作るとき、基本的には等間隔にしか並んでいない媒体で映像を映し出します。しかし、私たちの身のまわりにある動きは、そのようにはなっていません。時間をスライスすることも無く、動きはずっと動いているのです。ここのズレが、アニメーションやCGを作るときの制約になっているのです。

② アニメーション撮影時の「2コマ打ち」「3コマ打ち」

　秒速24フレームでアニメーションを作るとき、その1つ1つのフレーム全てに絵を作っていくのは、大変な手間と時間がかかります。そのため、同じ絵を2コマ、あるいは3コマ撮影して、アニメーションは作られています。

　3コマずつ同じ絵を撮影しアニメーションを作成する、つまり秒速8枚で絵を描いてアニメーションを作る方法を「3コマ打ち」と呼びます。同じ絵を2枚ずつ撮影してアニメーションを作る場合は、「2コマ打ち」と呼びます。この場合は秒速12枚の絵でアニメーションを作ることになります。それでも動いて見えるのです。

　秒速8枚、あるいは秒速12枚の絵が表示されている場合、目が慣れてくると、1枚1枚がどのような絵になっているのか判別できるようになります（個人差はあるようです）が、そうかと言ってそれが「動いていない」ように見えるわ

けではありません。そこに「動き」がある限り、たとえ1秒1枚しかなくても、私たちの視覚は動きを知覚します。動きを作成するとき、1秒間に何枚あればいいのか、といった議論は不毛です。動きがあれば、1枚の絵からすら動きを捉えることだってできるのですから。

2）意図と動き——
　　意図がある動き、意図のない動き、不変項

1 その「動くもの」に意図はあるか

　動きをある視点から考えると、大きく分けて2種類あります。

　1つ目は、自然現象といっていいでしょう。例えば、風による対象の動き、水の流れ、さざ波、木の実の落下、木の葉の落下、少しずつ崩れる崖、落下し地面に落ちる雨や雪、稲妻などがあります。

　2つ目は、私たち動物の動きです。歩いて移動する、走って移動する、食べる、獲物をつかまえる、コミュニケーションをとるなどがこれに当たります。ヒトに限って言えば、泣く、笑う、首を振る、うなずくなどの動きが挙げられます。

　これら2つの動きを分けたのは、動きに意図があるかどうか、です。

　動きに意図がある場合、その動きには目的や力の方向があります。それは、移動する方向や力を入れる方向を矢印で、「ベクトル」のようなものを書くことすらできる「動きの方向と大きさ」を持っていると言えましょう。それに対し、自然現象にはこれらの意図、目的はありません。力の向きはありますが、それは専ら自然現象の向きに対して受動的です。

　また、意図を持って動く対象は動物です。ヒトを含め動物もまた環境にある対象ですが、動物の動きの特徴は、自分の意図、目的を持っていることです。ですから、動物の動き、中でもヒトの動きを観察し、特徴をつかむことは非常に重要です。とある誰かヒトが動くとき、その動きにはそのヒトの意図が埋め込まれています。その意図を描くことこそ、アニメーションでの動きの基本となっているでしょう。

▶▶▶ 変われば変わるほど明らかになる意味・性質を見る

　アニメーションといっても、主人公となる登場人物、動物がいない作品もあります。1日の環境の様子を丁寧に写し取り表現する作品もあります。山から転がり落ちていく対象をひたすらに追いかけるという映像作品もあります。このような場合は、動くものが意図を持っているということはありません。ここで重要になるのは、意図を持たない対象の動きであり、その動きが落下なのか、流れなのか、波なのか、そのアニメーション独自の動きなのか、などを描くことが大事になります。

② 命ある動きと、命の無い動き

　命を持たない対象が、あたかも生きているかのように動く様子を作る作品もあります。これこそが「命を与える」という意味でのアニメだ、と主張する意見すら聞くことがあります。しかし、命を持たない対象を生きているかのように動かすとき必要となるのが、「命があって生きている」という不変項がそこに埋め込まれているかどうか、です。動いているだけでは「動物」「ヒト」「生命体」になることはありません。そこに「生物が動いている」という不変項、まさに「命を吹き込まれた対象」として、彼らの息吹の不変項、彼らの意図の不変項が埋め込まれている必要があります。不定形で動きも生命があるとは思えないようなアメーバであっても、観察すれば、そこには「生命がある」ことを特定できる不変項、意味、意図を発見できます。そこには「アメーバのように生き生きとした」動きはありますが、「アメーバのように不定型で生命を宿していない」動きはありません。

　このように、動きを知覚させるためには、その動きの不変項をしっかりと把握し、それをアニメーションに埋め込むことが必要不可欠です。環境中にある不変項は、そこにある対象の形や種類を特定するために知覚に必要であるだけではありません。動くものの不変項、動物の動きに埋め込まれた意図を感じさせる不変項も環境中にあるのです。

　ですから、意図がある動きでも、意図のない動きでも、よく観察して、その動きの不変項は何か、その動きの肝はどんなところにあるのか、ということを拾い出せるように、知覚を鍛える必要があるのです。

3）気分や感情を表現すること──
　意図、気分、感情

1 「芝居する」風──「気分」を表現する自然事象

　アニメーションの上では、知覚される情報のすべてが作者の手の内にあります。ですから、風によって動く髪の毛の動きや、水の流れによって動く木の葉、さざ波など、多くの自然現象が、単なる自然現象としてそこにある事象としてだけではなく、作者が表したいことに寄り添うように意図的に使われることがあります。これらの「登場人物を生々しく存在させるためにコントロールされた自然現象の動き」は、アニメーションの物語を紡ぎ出したり、動きを飾ったり、特別な雰囲気や気分を表すときに、特に登場人物の心情や感情、気分、環境の雰囲気を表すために用いられます。このような「コントロールされた自然現象」の例は多々あります。実にいい感じのタイミングで吹く風や、軽くて大きく動く風、水の濁流などです。

　これらのような風や水の流れなどは、普段私たちが自分が居ついている環境中には発見できないような動きになることもあります。代表的なものとしては、それほど強い風が吹いていないのに、風によってなびく髪の毛や服の裾が大きく動くというアニメーションです。これらには、演出の意図が加えられているわけですが、ここで１つ疑問が生じます。なぜ、そのように大きく軽い動きが「風」として知覚されるのか、ということです。

　それはもちろん、それらの「大きくなびく風」にも「風」の不変項があるから、です。どんなに激しく動いても、どんなに軽く動いても、逆にどんなに重い風であっても、風の不変項がきちんと埋め込まれているのであれば、その動きを「風が吹いている」と私たちは知覚します。風の風たる所以、風本来が元々持っている性質、すなわち風の不変項を根幹に据えて、様々な演出を施した風が作られているのならば、私たち人間は、その動きを風であるととらえることができるのです。

　では、そのように風の不変項に足し合わせられる「気分」や「心情」とは、どんなものなのでしょう。それは私たちにも身近なものでありつつ、実際に

はあってもなくても同じ、ということもある、まさに「装飾的」な動きや事象ではないのか、という疑問もわきます。

しかし、私たちヒトにとって、動作に感情が付随しないことはないと言ってもいいくらいに、「気分」や「心情」は当たり前に存在します。それらは意図とは関係のないこともあるし、大いに関係することもあります。感情を表現するためだけの動きすらあります。笑顔１つとっても、喜びの笑顔、楽しみの笑顔、怒りの笑顔、悲しみの笑顔、嘲笑の笑顔、口は笑っているのに目が笑っていない不気味な笑顔、静かな喜びが表れる笑顔、悔しさをはらむ笑顔、など、実に様々な笑みがあります。

2 アニメーションの感情表現

ギブソンの弟子であるエドワード・リードは、感情は行為の必須条件（必要条件）であるという考え方を否定しました。その一方で、動物が何らかの感情を求めて努力することは否定しませんでした。感情は行為の副産物だと述べますが、その副産物を求める行為、つまり、喜びや笑顔、それにともなう快感、快楽を求めるために行動することがある、というのです（参考文献〔6〕pp.215-216）。美味しいから、好きだからという理由で、それほどお腹がすいているわけでもないのに、スイーツを食べて、また別の人はラーメンを食べて快感に浸る、そのような行為もあるのだということです。私が考えるところを述べますと、社会的な存在としての人間にとって、特定の感情や気分、そしてそれを引き起こす対象や事象は、人生や生活（life）を豊かにするために、積極的にそれを求める行為の源になり、動きや表情、様相を飾ります。その飾りが欲しいという意図も、実に人間らしい、もっともらしい意図であり、行為の原動力となるでしょう。

このようなことから、雰囲気、気分、心情、感情は、ヒトの行為をアニメーションとして作るときには欠かせないものとなっています。

ただし、やはり、行為は特定の意図を持って行われるものだ、という基本を忘れてはなりません。私たちはあくまでも、自分たちが居ついた環境の中で、呼吸し、移動し、狩り、採り、食べ、休み、歩き、走り、眠るのです。つま

るところ、私たちは生きるために意図を持って行為するのです。時には気分や雰囲気、感情を得ようとして行為することもありますが、私たち動物が行為するとき、雰囲気や気分、感情を求めることが必須条件になっているわけではありません。水分が足りないときに水を大量に飲む、お腹がすいているときに勢いよく食事を摂るなど、雰囲気、気分、感情を求めること無しに行為することも多々あるのです。

このようなとらえ方をしている方が、行為にともなう複雑に絡み合った意図、行為、気分、感情を描く時に、得られるものや表現できるもののバリエーションが非常に多くなると、私は考えます。

本章の1節、2節で、ヒトが、登場人物が意図を持って行為する、ということを確認しました。では、それらの意図はどのように作られ、表されるのでしょうか。

4）意図を描くということ

1 意図を描くことと、積極性を作ること

2010年に公開されたスタジオジブリ制作のアニメーション映画『借りぐらしのアリエッティ』。これは日本語訳としては「床下の小人たち」として知られる小説 "*The Borrowers*" をもとにして脚本が作られた物語です。個人的な感想を述べるならば、まず、この「床下の小人たち」というタイトルにはあまり共感できません。英題を直訳すれば「借りる者たち」であり、ヒトの家に隠れ住み、少しずつ食料や道具を借りて暮らしていることからこの題名がつけられたのでしょう。その「借りる」という行為と身体と生態の特徴を一言で示せる単語を使わないで翻訳してしまっているのは、果たしてこれでいいものだろうかと思うのです。

この作品を制作する過程を収めたTV番組で、宮﨑駿がこの作品の監督である米林宏昌に、1か所だけ注文をつけた場面があった、というエピソードがあったことが印象に残っています。物語の終盤、cut 761（参考文献〔9〕p.346）で、ヒロインにして小人のアリエッティが、彼女の母がヒトの手によって捕

らわれたとき、アリエッティは主人公の男の子、翔にそれを打ち明けます。このとき、翔が手を差し出し「一緒に探そう」とアリエッティに提案します。この提案を聞いたアリエッティの行動が１つのポイントになっていたのです。絵コンテを見ると、最初の指定は「見入っているアリエッティ　一歩前へ」と説明されており、きょとんとした表情で意味も意図も気分も感情も無く翔の手に乗っているアリエッティが描かれていました。ここに宮崎氏が注文をつけたのです。発言の全てを私が覚えているわけではありませんが、このとき指摘されたのは、アリエッティに主体性が無いことでした。これでは、小人たるアリエッティが巨人たる翔に運ばれているだけだ、そこに主人公らしい主体性も積極性も無いというわけです。そして、米林監督は思案し、カットの時間は変更せず、彼女の行動だけを変え、主体性を、意図を持たせることに成功しました。具体的には、アリエッティは、少しの時間見上げ、うつむき、目を拭い涙を振り払い、きつい顔、決意を固めた表情で１度だけうなずき、翔の手に乗っています。このような変更を施したため、アリエッティが自らの意図を固め、翔と意図を共有し、協調して行為する身体―知覚―行為連関を２人で為し、２人が協調して行動する場面になったのです。

　私は映画本編を見てからこの番組を見たのですが、ここでの場面でアリエッティがうなずいていることを覚えていました。おそらく、それくらいにはインパクトがあったのでしょう。アリエッティと翔の協同作業として、それ以降の２人の行動を見ることができたという、そんな記憶があります。

② 協調する２人の動き

　アリエッティが「手に乗る」行為や、一見受け身に見える「誰かに髪を梳（と）かされる」行為であっても、能動的に積極的に意図を持って行う動き、意図を持って行為するものです。

　このとき重要なのは、私たち動物が行為するとき、意図を持って目標とする物事、タスクを完遂しているということです。そのとき自分１人ではできないことを、他の誰かに手伝ってもらうことで、２人が意図を共有し、協調して行為することでタスクを完遂するという手段があるのです。たとえ受け

身に見えても、誰かとともに協調して行為しているならば、協調している者たちが共有している意図が、そこにあります。

3 動物は意図を持つ

　動物の個体が自分だけで行為する場合でも、生命感のある動物の動きには、意図があります。私たち動物は、たとえ独りぼっちであったとしても、意図を持って行為し、完遂すべき物事を解決していくのです。意図がない動きでは、それは生きていない対象に見えるでしょう。生きていること、意図を持つことは、動物には必須のことです。アニメーションの登場人物を生き生きと、実在しているかのように、つまり実在感を持たせて描くには、彼らが行為するときの意図の描写が欠かせないのです。

　では、そのような登場人物の行為を起こすときの原動力となる意図を描くには、どのようにアニメーションを作る必要があるのでしょう。

　何らかの動きや行為無しに、登場人物の意図を描くことはできません。少なくとも、姿勢が変わったり、表情が変わったりする必要があります。それぞれの環境にふさわしい、意図の描き方というものは、必ずあります。動物に意図を持たせることで、初めて動物は命を持ってそこにそうしてあるものになるのです。

　例えば着物の柄のように、一見命を持たない何かの動きに見えるものであっても、その動きは、命ある人、登場人物の動きにともなって起こる変形・変化ですから、そこには意図と生命感が埋め込まれていなければなりません。作るのは難しいですが、上手く行けば行くほど自然な変形になり、気にならなくなっていく地味な作業です。しかしそれは工夫とセンスと精緻な知覚がつぎ込まれた、凝った描写です。ここを妥協すると、そこにそうしてあるものという感じ、実在感は失われてしまいます。

　ヒトを含め動物をアニメーションで作りたいのなら、その行為に意図があることを描くことが必要なのです。

　「無生物だから意図は無い」という作品を作ることもできますが、ともすればそれは気色の悪い動きになる可能性があります。

5）表情を描く——顔の表情、動きの表情

1 感情表現について述べる前に

　ここまで感情を描く、表情を描くということについて述べてきましたが、実は、表情というのは、描くのはそれほど難しくないのに、語るのはとんでもなく難しい、私たちヒトの持つ事実なのです。

　感情表現として表情は欠かせません。私たちの表情は、感情と環境に合わせて実に様々に変化します。そして、そこにはそれぞれの表情と感情をとらえるための情報、不変項があります。しかし、これを言葉で述べるのは実に大変です。言葉をいくつ連ねても、絵になっている、あるいは画面に映されている表情と、そこに埋め込まれている感情に関わる情報をつぶさに文章にしようとすると、本が1冊できてしまう、あるいは心理学の1つのジャンルができてしまうほどの事実があります。

　ですから、ここで指摘しておくべきは、「言葉で説明するときは、読者自身の私的な経験に頼る」しかない感情や表情は、観察して絵に描く、あるいは不変項を取り出して絵に描くものだ、ということです。私がここで語ることができることは本当に少ないです。心理学の側面から表情や感情を研究している論文や、そのことについて描いている心理学の本はちゃんとありますので、それらを参考になさるのがよいでしょう。

2 アニメーションで感情を表現するということ

　私は日々の暮らしで、また、たくさんのアニメーションで、感情や表情を見てきました。そこには、通り一遍の感情や表情はありませんでした。語ることがあるとすれば、「典型的な感情と表情」を少しだけ挙げることくらいです。「笑う」という表情の典型例は、目尻が下がり、唇の両端が絶妙に持ち上がり「笑み」の表情が作られることが多いでしょう。「ほっこり笑う」「おだやかな笑みを浮かべる」「あいさつして笑顔を見せる」といったストレートな喜びや楽しみだけでなく、「不敵に笑う」「ニヤリと笑う」といった裏腹な、あるいは皮肉な「笑い」「笑顔」もあります。「怒る」という表情は、実に大変

です。目がつり上がり、唇を噛みしめ、あるいは食いしばった歯が見えることもあります。しかし、その怒りに「恐怖」が混じることもたくさんあります。「喜びと怒り」、「悲しみと怒り」など、付随する感情が入ると、そのバリエーションはさらに多くなります。「怒りと絶望に泣き叫ぶ」ということすらあります。ヒトは「悲しい」からといって必ず泣くということもありませんし、悲しい表情を見せるかどうかもわかりません。「楽しい」ときも同じで、熱中して楽しんでいるときはむしろ「怒り」のような表情になることもあります。楽しいからといってそのヒトが必ず笑顔であるというのは、あまりに短絡的にしか感情と表情をとらえているとしか言いようがありません。

　表情は複雑でも、身体の状態を見ると、隠しきれない感情が姿勢や動きに現れていることもあります。嬉しいときは、姿勢はどちらかと言えば背筋が伸び、上を向くような形が現れることが多いでしょう。怒っているときは、身体に力が入りすぎた緊張状態になっていることも多々あるでしょう。悲しいときには、身体は力なく、姿勢もうつむき、下を向くことが多いでしょう。楽しいときは、身体の動きが非常に活発になっていることもありましょう。

　身体の変化や動きの変化に現れる「動きの表情」についても、実例を挙げて1つずつ書いたところで、きりがありません。「表情の無い動き」は、自然事象の動きくらいで、それ以外のヒトの動き、動物の動きにはどこかしらに感情が現れており、表情や感情に関わる動きや変化だけを分離することはできないほどに一体になっています。さらに言えば、自然事象ですらも表情がついていることが多いのが、アニメーションの特徴です。その場面の気分や雰囲気を表現するために風や水の動きが利用されている場面はたくさんあります。

　例えば、TVアニメ『響け！ユーフォニアム』第5話「ただいまフェスティバル」では、不安を吹き飛ばす勢いなどを表現するためか、実際には吹いていないのに、あたかも一陣の風が吹いたようなトランペットの音とともに風が吹く場面があります（右ページ図版、上）。同じ『響け！ユーフォニアム』シリーズの、『響け！ユーフォニアム2』第1話「まなつのファンファーレ」の冒頭では、人物の静かな感動を表すかのような風が吹きます（同、下）。

▶▶▶ 変われば変わるほど明らかになる意味・性質を見る

これらの身体の動きをも観察することで初めて「ヒトの感情を描く」「ヒトの感情の状態を言葉にする」ことができるでしょう。このときにも重要なのは、観察力と描写力だ、ということになります。

アニメーションを作るアニメーターにとっても、ヒトの感情を描くのは大変です。現実での様々な表情や、映画で登場する俳優の表情の作り方、アニメーションでの表情の作り方を観察することで、アニメーターは表情の表現を

©武田綾乃・宝島社／『響け!』製作委員会
完全新作『劇場版 響け!ユーフォニアム〜誓いのフィナーレ〜』
2019年4月19日全国ロードショー

増やすことができます。感情を描くこと、気分を描くことについては、顔、身体、雰囲気を伝える動きといったものを描くための観察力、描写力が必要なのです。想像だけでは、たくさんの感情表現ができるようにはなりません。レパートリーを増やすためにも、観察は大事です。アニメーションを作らない私たち一般の視聴者も、様々な表情を見ておくことが、アニメーションや映画の鑑賞をより深い体験とすることを可能にします。

6）協調する動きと実在感———積極的な「受け身」という意図と行為

① 人間関係を丁寧に描くために必要なこと

片渕須直監督のアニメーション映画『この世界の片隅に』の原画集に収載されているインタビュー記事に、こんな1節があります。

第3章 なぜ、あの人の動きは艶めかしいのか

「細かくてゆっくりした動きというのは、すごくリアリティが感じられて、キャラクターが生々しくなるんです。例えば、すずさんがすみちゃんに髪の毛をといてもらうところ。普通だったら体は止めにして、髪の毛だけ動かすんですが、『この世界〜』では、髪の毛が櫛で引っ張られた分、体が後ろに反るという動きを入れていくんです」　　　　（参考文献〔8〕p.211）

「すずさんがすみちゃんに髪の毛を梳かしてもらう」場面は映画の序盤、すずさんが実家へ里帰りしたあたりにあります［カラー口絵❽］。

　髪の毛を梳かすシーンは映画の後半にもあります。その場面は、「ここには観客の琴線に触れうる『感動的』な何かがある」と私が感じた場面でもあります。
　映画の終盤、広島に原爆が落ちる直前、すずさんが径子お義姉さんに髪を梳かしてもらっている場面です［カラー口絵❾］（参考文献〔8〕のp.164にも、この場面「cut 1227」が収載されています）。ここを見ると、原画の段階で、非常に細かな動きを作るように指定されていることがわかります。本当に小さな動きなのですが、これがあるのと無いのとでは全く違う「気分」「雰囲気」が醸し出されていることがわかります。また、この場面には、すずさんと径子お義姉さんの意図が、彼女らの動きに現れています。この場面の径子お義姉さんの声の演技には、この場面の前までからは想像できないようないたわりと愛情が埋め込まれている必聴のシーンだと私は受け取りました。それは、この場面の雰囲気そのものでもあるのです。
　この場面でも、やはり髪を梳かしてもらっているすずさんの身体は、径子お義姉さんが梳（くしげず）る動きに合わせて動いています。引っ張られると背中側に身体が動き、それに合わせてすずさんはその動きに抗するかのように、少し前へ動くように力を入れ、ほんの少しだけ前の方へ動きます。その動きが2回ほど繰り返された後、径子お義姉さんはすずさんの髪の毛を三つ編みにしようとして髪を2束に分けるのです。
　この場面で一体何が「リアリティを増し、生々しくなる」知覚情報になっているのでしょうか。そして、なぜ私はここに「感動するポイント」「涙腺を刺激するポイント」があると受けとめたのでしょう。

▶▶▶ 変われば変わるほど明らかになる意味・性質を見る

2 協調する動きと身体、意図

　この場面では、径子お義姉さんがほぼ一方的にすずさんに話しかけているのですが、言葉のやり取りではないところで、「髪を梳かす」「髪を梳かされる」2人の間に、言葉によらないそれぞれの意図と動きと情報のやり取り、すなわちコミュニケーションが描かれており、そのコミュニケーションこそが「感動するポイントになり得る」のです。

　ここでいつも通り「髪を梳かされている人物は動かさずに」場面を作ってしまうと、髪を梳かされているすずさんは、動くことも知覚することもない生きていない「何か」に、生き物でない対象になってしまいます。そして、その物体にくっついている糸状の対象を櫛で整える径子お義姉さんの身体の動きは、まるで違うものになってしまいます。そこに感動はありません。

　ここに至るまで、径子お義姉さんはすずさんの「小姑」としてくどくどと説教したり、あるいは自分の娘、晴美さんを亡くしたことで、そのとき一緒にいたすずさんを責めるような言葉をぶつけたりしているのですが、この場面では「ここにいていいのだ」という主旨の言葉を伝えるのです。その姿勢や物腰は、すずさんと径子お義姉さんの関係が変化していることを、観客である私たちに見せてくれます。

　「髪を梳かす」「髪を梳かされる」という動きは、自分が髪を梳かされているとき、あるいは誰かの髪を梳かしているときに、互いに不快感を感じないように呼吸を合わせて行う、2人の「共同作業」なのです。2人の動きが「協調」しているのです。このような「動きの協調」は、互いに相手の動きと意図を知覚することによって初めて成立する行為、動きです。それは例えば、弦楽器のアンサンブルを奏でるときに起こることであり、また、赤ちゃんとそのお母さん（保育士さんでも、おじいちゃんでも、近所のおばさんでもいいのですが）が、言葉にならない動き、表情、抱っこの仕方などで互いに意図を伝え合っているときに起こることです。

　髪を梳かされているすずさんは、まず、髪にいつ櫛が入ってもいいような状態に身体の姿勢を準備します。

　その状態になってから、径子お義姉さんはすずさんの髪を手に取り、櫛を

第3章　なぜ、あの人の動きは艶めかしいのか

入れます。そして、髪を梳かすと、どうしても髪の毛は引っ張られます。その引っ張りを径子お義姉さんの身体が知覚し、すずさんがひっくり返らないような力加減をすることで、すずさんの身体は引っ張られすぎることなく姿勢を保ちます。

　このとき、すずさんはただ受け身に髪を梳かされ、引っ張られているのではないのです。すずさんは、梳(くしけず)られ後ろに引っ張られるのを知覚しながら、自分の身体の姿勢を保つように力を入れ、径子お義姉さんの動きに合わせて少しだけ前へと身体を動かし、積極的に「髪を梳かしてもらう身体の状態」を作ります。

　そして、この「協調」が繰り返されることで、「髪を梳かす」「髪を梳かしてもらう」協調する身体と動きを描くことができます。これらは順番に起きる知覚と動きではありません。「髪を梳かす」「髪を梳かされる」とき、互いが同時に自分と相手の動きと意図を知覚し行為し合うことによって、この2人が協調して行う「髪を梳かす」という動きが成立します。つまり、言葉で説明するのならばこのように書くしかないのですが、実際の協調する動きは、2人の知覚、身体、動きが一斉に働くことによって成り立っているのです。そしてそこには、互いの意図と状態を知覚し合うコミュニケーションがあります。コミュニケーション無しに、協調する行為は起きません。それも、どちらかが一方的に積極的に動き、もう一方が受け身になっているのではなく、互いに積極的に相手の状態を知覚し、一緒に行うタスクを達成するという意図を持って動くことによって、この一連の行為ができるのです。

　この場面で描かれているのはただ「髪を梳かす」「髪を梳かされる」動きだけではないのです。何気ない会話が行われつつ髪を梳かす動きができるくらいに、すずさんと径子お義姉さんは互いに頼りあい、支えあっているという関係が、これらの一連の動きに埋め込まれているのです。それらが一度に描かれているのがこの場面なのです。あまりに何気ない動きなので、それは一見、特別難しいようには見えません。しかし、このような協調する行為をできるようになるには、それなりの時間を一緒に過ごしてできあがった、2人の信頼関係が必要不可欠なのです。

そう、このときの2人には、生半可ではない信頼関係ができているのです。それが意味するところに気付くと、この場面が「感動するポイント」になるのです。それは、アニメーターによって描き出された小さな動きによって「そこにそうしてあるもの」になる、つまり、強い実在感を持ったリアリティのある生々しい存在感が作られているのです。

7）自然事象の作り方――質量・重さ・質感・風の不変項

　ここでは自然事象の動きについて考えます。環境中で起こる様々な事象の中には、自然事象、自然の動きがたくさんあります。それらは自然事象として詳しく丁寧に作られたものと、登場人物などの気分や感情を埋め込み補強したり、飾ったりするために作られたものがあります。

　ここで取り上げるのは、生の自然、私たちを取り巻く環境中の自然事象そのものの動きと、その特徴です。

　まず、生きている登場人物と生き物でない対象両方が持っている性質である質量と、私たちが暮らしている地上の環境に必ず働いている重力を、動きを使って表すことを考えます。質量と重量は同じことではないか、と思う方もいらっしゃるかもしれませんが、ここではこれらの性質を分けて考えます。というのは、重力が動きに及ぼす影響と、質量が動きに及ぼす影響が、全く違うからです。まるで物理の授業のようですが、対象が動くときにそれぞれの性質がどのようになっているのかがわかると、質量と重量の違いがはっきりします。そして、それらをアニメーションでの動きに生かすこともできるようになるでしょう。

　また、ここでは自然事象の中でもアニメーションにおいて重要な動き、風の動きについて、物理の話を交えながら述べます。やや強引に2つの事柄を1つにまとめてしまっていますが、どちらの動きも自然事象であり、私たちが暮らしている環境の話をすることなく解説できるものではない動きです。

1 5kgの子どもと5kgの米袋、どちらが重いのか〜「重さ」の正体〜

さて、こんなクイズを知っておられるでしょうか。

「5kgの鉄と、5kgの綿、どちらが重い？」

答えは「重さは同じ」。最初に質量が両方とも5kgだと明言しているので、重さは同じだというわけです。

では、実際にそれらを持ってみましょう。どちらかが「より重い」と感じるはずです。これを、「大きくて重い」と「小さくて重い」から、重さの判別に錯覚が起きている、という人もいるでしょう。

しかし、その説明、本当に正しいのでしょうか。

ダンベルのような持つ場所がある5kgの鉄の塊と、5kgのフワフワでモコモコのどこを持つのがいいのかわからない綿のカタマリ、どちらが「重い」でしょうか。あるいは、中が空洞になった大きな鉄の球と、布団圧縮袋のようなもので固まった綿、どちらが「重い」でしょうか。

さらに、少しだけ問題文を変えてみます。

「5kgの子どもと、5kgの米袋、どちらが重い？」

答えは……重さは同じ……

そんなわけないじゃないですか。5kgの米袋の方が「重い」のです。

持ってみればすぐにわかります。

私たちが知覚する「重さ」は、質量や重力だけでは表せないのです。ここで「それは錯覚に決まっている」と言い張るのなら、それは物理を学んできていないことの表れです。

ただ、物理学の授業でこの性質を習うのは、大学の教養課程、あるいは専門課程でしょうから、わからなくても仕方ないと言えば仕方ないのですが。実は私も詳しいことは習っていません。これを完全に理解するためには、数学で用いる行列についての知識が必要なのですが、これはなかなかに骨が折れることです。

私たちが持ち上げる対象を「重い」と感じるのは、単に質量が大きいというだけでは決まりません。

質量と重力は、どちらも「重さ」に関わる重要な性質ですが、対象に固有

な値、物理量は、質量です。対象に働く重力の大きさは、地球の陸上においては、同じ質量の対象に働く重力の大きさはどこの環境でもほぼ同じですが、地球を離れてしまうと、対象に働く重力は大きく違います。ですから、対象に働く重力は、厳密に言えば、対象それぞれに固有な性質、すなわち不変項ではありません。質量とそれに働く重力の大きさの違いはここにあります。質量とは、対象そのものが持っている性質です。月や一定以上の速さで落下する飛行機の中、あるいは国際宇宙ステーション（ISS）の中など特殊な環境では、対象に働く重力は小さくなります。

　では、質量の大きさによって異なる「重さ」は、特殊な条件でしか知覚できないのでしょうか。それもまた違います。私たちは日々、対象が質量を持っているために現れる性質を知覚し、それに自分の身体の姿勢や力の入り方を変えて行動しています。対象が持つ質量は、「対象の動きにくさ」「対象の扱いにくさ」に現れます。物理学（力学）では、この性質を「慣性テンソルの固有値と固有ベクトル」あるいは「主慣性モーメントと主軸」として書き表します（参考文献〔10〕pp.131–139）。これらの物理量、測って数字として書くことができる性質は、それぞれの対象が持つ形と質量の偏りなどが関わっています。対象の質量と形、質量の偏りは、それぞれの対象に独特なものです。つまり、「対象の扱いにくさ」は、不変項なのです。それらの不変項、対象それぞれの性質は、それを持って振り回したり動かしたりするときに初めて現れ、こうして初めて私たちはそれを知覚できます。私たち動物は、その性質を知覚し、物体のかたち、扱いやすさ、「重さ」を知覚するのです。このような、「触って動かして対象の性質を取り出して知覚する」触覚と運動を合わせたような知覚の仕方を、生態心理学では「ダイナミックタッチ」と呼んでいます。ダイナミックタッチを使うと、たとえ見えていなくても、対象を手で持って振るなどして動かしたとき、腕や身体が感じる「動かしにくさ」「扱いにくさ」から、対象の大きさ、重さ、かたちを知覚することができるのです。

　5kgの子どもを持ち上げ抱っこしようとすると、その子がそれなりに元気でいてくれれば、先に述べた通り、「髪を梳かされるヒト」と同じように「抱き上げようとするヒトの身体」と協調して身体が動き、「抱っこされるヒトの

子どもの身体」になります。赤ちゃんの首が据わっているかどうかによって、その「重さ」は大きく変わることでしょう。

　彼らは、どのような姿勢でどのような力の入れ方をすれば抱っこしやすくなるのかを知覚し、自分の身体の状態を相手に合わせて変えます。そのような子どもには、抱っこされようとする意図がありますから、とても扱いやすく、抱っこして移動するときにもそれほどの「重さ」を感じることがないようにしてくれます。

　ところが、子どもが眠ってしまっている場合や、何らかの理由で身体を自由に動かせない場合、あるいは発熱などの常ならざる状態にある場合は、抱っこされるための身体になってくれませんので、「いつもより重い」と私たちは知覚します。

　5 kgの米袋は、生きている対象ではありません。知覚もせず、自発的に動くこともありません。ただ、持たれるがままに形を変えるだけです。そのため、米袋を持つヒトの身体は、米袋をどうにかして持ちやすいような形にして、何とか持ち上げることになります。これが大変なのです。たとえ何とか持ちやすいように抱えたとしても、動かしにくく扱いにくい対象であることに変わりはありません。だから、5 kgの米袋は、私たちが知覚する「重さ」としては「重い」と感じるものなのです。

「重さ」の正体は、対象が固有に持つ「質量」の大きさと、対象の形、さらに対象それぞれに異なる質量の分布、それによって決まってくる「動かしにくさ」「扱いにくさ」、そして対象に等しく働く重力、さらにそれに加えて様々な性質が合わさっている、それぞれの対象に固有な性質、不変項なのです。

　アニメーションで「重さ」を表現しようとするときは、質量、重量、動かしにくさといった性質全てを踏まえ、動きをデザインする必要があります。しかしそれは、実際にはそれほど難しくないのではないでしょうか。というのは、自分で実際に対象を動かしたり、持ち上げたりするときには、私たちはその「重さ」を知覚し、行為するからです。だから、同じような対象をアニメーションにしてみることで、その「重さ」がどれほどのものかを知覚し、その動きをじっくりと観察し、それに基づいて「自分が見ているように」動

きをデザインし、動き描くことができます。

　逆に言えば、対象の動かしにくさを描かない、働く力や重力だけを絵空事のようにとらえて動きを作ってしまうと、重量感や動かしにくさの感じが薄い、ひいては実在感、存在感がない対象を作ってしまうことになります。こうなると、ただ対象の動きや重さだけの問題ではなくなり、描いている環境、そしてそれを描いているアニメーション作品そのものからも実在感が失われます。

　重量感、動かしにくさを変化させて、異様な環境にいるようなアニメーションを作るのだと、腹をくくるのであれば話は違います。ただし、そのようなアニメーションを作るのならば、私たち人間が普段暮らしている環境とは異なるため、現実とのズレを感じさせ、時にはそれが気持ちの悪さを感じさせることは避けられないでしょう。

　もし、私たち人間が暮らしている環境とは違うように、重量感や質感を一貫して作ることに挑戦するならば、うまくいけば非常に面白い「別の環境」を作り出し、そこに実在感を与えることができます。

2 等速直線運動の罠〜対象の動きと重さを作る方法〜

「重さ」の扱いが単に「重い」「軽い」だけではないことはわかりました。しかし、それらを踏まえて動きをデザインするとき、まだ気をつけなければならない罠があるのです。これは、なまじ物理学をちょっと学んでしまったために陥る罠かもしれません。

　高校で物理、特に力学を学ぶとき、最初に扱うことが多いのが等速直線運動です。これは、「空気の抵抗」も「摩擦」も無い「理想状態」で、平面上を物体が他からの力、外力を受けずに直線に移動するときの運動です。このとき、物体は同じ速さで動き続けます。これを近似できるのが、ドライアイスパックを滑らかな台の上で動かすことであったり、ベアリングで車輪の回転する際に起きる摩擦を極力減らした台車を滑らかな台の上で動かすことであったりします。

　しかし、私たち動物が暮らしている環境では、本当にそのような条件がそろうのでしょうか。空気の抵抗も無い、摩擦も無い、外力も働かないでただ滑っ

ていくだけ、という条件が本当に有り得るのでしょうか。

　無いのです。そんな環境も対象も。

　摩擦が無ければ、私たち動物は歩くことも走ることもできません。じっと静止して立っていることすらできません。摩擦は歩き、走りには必須の対象表面の性質です。陸上であれば空気が、水中であれば水が媒質として環境を満たしています。空気の抵抗は動きを左右する程度には大きいのです。水の中で暮らす生き物にとっては、その「重さ」による抵抗があります。水は非常に変わった性質を持つ液体です。とても簡単な分子なのに、単位当たりの質量（密度）が大きいため「重い」のです。粘り気（動粘性係数）は、空気の方が水よりも大きいのですが、単位体積当たりの重さ（密度）は水の方がずっと大きいため、この「重さ」が動きに影響します。水の中にいる生物にとっては、水の抵抗はさらに重要です。水の中で移動するときは、高速で移動するときには流線型でなければ大変です。瞬発力を生かして獲物を捕らえるには、筋力が必要です。

　このような条件を1つ1つ取り上げていくと、等速直線運動とは、私たち動物が暮らす環境においては、とてもとてもあり得ない動きだということがわかるでしょう。ですから、見かけでは同じ速さで動き続けている対象は、実際のところ、ずっと何らかの手段で適切な力を出したり加えられたりしなければならないのです。自動車は、常にアクセルを絶妙に踏んでいなければ同じ速さを保つことができない、ということです。力が働かなければ、私たち動物は同じ速さで移動し続けることはできません。

　実際に動きを作るときには、対象を投げ上げたりするときなどのように、理想状態での動きを描くことで動きをデザインすることはできます。ほぼ理想状態と同じような動きになることもあります。しかし、それでは動きをもっともらしく作ることができないときもあります。このようなときにも、実際に対象を動かしてみて、それを注意深く観察して、どのような動きをしているのかを確かめてから動きをデザインする必要があります。

　等速直線運動のように同じ速さで動き続けるのでは無い動きを作るとき、とある技が使われます。アニメーションの制作時に動きの鍵になる原画が時

間的な順序に従って2枚あるとき、その間を数コマに割り、決められたタイミングで動画を作り埋めるわけですが、このとき、動き始めは少しずつ動きだんだん加速していくように、原画と原画の間を動き始めに密になるように切り分け、動きを構成する方法があります。これは「先詰め」と呼ばれます。逆に、最初はさっと早く動き、だんだん遅くなっていくように動画を入れるタイミングを2枚目の原画の方に密に構成する方法があり、これを「後詰め」と呼びます。「先詰め」「後詰め」は組み合わせて使われることも多いです。そして、等速直線運動のように一定の速さで動くように時間的に均等にタイミングを切り分け、それをなぞるように動画を構成する「均等割」があります。対象の重量感を作るとき、これらを使い分け、適切にタイミングを観察した動きに合わせていくことで、実在感のある動きと重さを作ることができるようになります。

　他の手法で動きを作るときでも、話は同じです。動き出しがゆっくりである場合には、動き出しの部分では1コマずつの動きを小さくし、だんだん加速していくように大きく動かせばよいのです。動いている対象がだんだん速さを落としてゆっくりになっていき、最終的にどこかで止まる場合は、1コマごとの移動の大きさを大きいものからだんだん小さくしていき、止まるところで移動をやめるように作ればよいのです。

　物理学、力学で動きをシミュレートすることももちろんできます。ただ、ありったけの数値や式を使ってシミュレートした動きより、「こんな感じで動く」という「この対象が動く感じ」や、知覚された不変項に従ってアニメーションを作る方が実在感を得られることも、大いにあるでしょう。それというのも、生態心理学で言うところの環境に、計算してはじき出した動きを当てはめようとするとき、物理学や数学の法則に従い、多くの条件をクリアするために複雑になった式に当てはめて計算しなければならず、それに従って求め測定しなければならない変数や物理量がものすごく増えます。研究室内に作ったスーパーコンピューターに1週間かけて計算させても、全ての物理量をそろえることはほぼ不可能です。計算だけでもっともらしいシミュレーションをするのは、難しいのです。計算によってはじき出された動きが魅力的なこ

ともありますが、それだけでは対応しきれないことも多いのです。そのため、アニメーションの制作者本人が知覚した「感じ」を動きに「埋め込んで」作ることが、実在感、存在感を持たせるときに大事になるでしょう。

3 動きで力を描く〜重さと力と動きの関係〜

いずれにしても、とある対象が動くということは、その対象には力が加わっているということを示しています。その力は、対象自身が出しているときもあれば、対象自身は全く力を出さず外から加わる力に専ら動かされているときもあります。ですから、動きをアニメーションで作るとき、そこには「動かしにくさ」を含む重さ、対象にかかる力、あるいは対象が発揮する力、そして、その結果起きる対象の動きを同時に作ることになります。これらの性質は、そのときに起きる事象に特有のものであり、また、対象それ自身に特有のものです。つまり対象の動きには、これだけ多くの知覚可能な情報が埋め込まれており、それらの情報は対象や動きに特有なもの、不変項となっているのです。

このように、対象の動きは、力の入り方、対象の重さを示す情報になっています。そのため、動きを見れば力の働き方を知覚できるのです。このような動きと力の知覚について説明する原理を、知覚心理学者のルネソンは「Kinetic Specification of Dynamics principle」（KSD principle）と呼んでいます（参考文献〔11〕pp.383–405）。

無理やり直訳すると、「動力学の動的特定の原理」となります。英語の方を直接、英英辞典を引きながら意味を取ってみれば何となくわかるでしょうが、訳された日本語の文を読むと、これでは何がどうなっているのか、よく分からないですね。

要するにKSD原理とは、「動きあるところに力あり」という原理なのです。当たり前と言えば当たり前です。対象それ自身が力を周囲に働かせて動くときにも、生命の無いそれ自身では動かない植物や石ころが動くときにも、それなりの力が加わっています。その結果起きる動きを知覚すれば、その力がどのようなものなのか、力が加わっている対象がどのようなものなのかを知

覚することができる、というわけです。

　対象の動き、重さ、力を同時に表すアニメーションを作るということを念頭に置いた場合、この原理を外すようなことはまず起こりません。動物は彼らが動きたいように動きます。そのとき彼らは自分で力を地面に加え、地面を蹴ったり、歩いたり、走ったりして動きます。植物が風になびくとき、その風が植物に加える力がその動きに現れます。その動きを知覚するとき、私たち動物は、動きだけでなくそこに加わる力を知覚できるのです。アニメーションでは、そのような対象の動きを作ることで、動物の動きの力強さや、風の力の大きさを知覚できるようになるのです。アニメーションを作るとき、「動きあるところに力あり」の原理は忘れてはならない、重要な動きに関わる要素の1つなのです。

　動いているにもかかわらず力が働いていないような場合、その動きは多少気持ちの悪いものになる可能性があります。対象を自由自在に形を変えることができるのは確かにアニメーションの特権ですが、これはよほどうまく作らないと、動きから生命感や自然事象の働きが感じられないものになってしまうかもしれないのです。その気持ちの悪さを追求することもできますが、私としては「動きあるところに力あり」の原理を外さない方が気持ちいいです。

　動くからといって、それだけで対象に命が吹き込まれるわけではないのです。生命感、実在感をたっぷりと埋め込まれた動きが作られてこそ、アニメーションで描かれる対象は生命感、実在感を宿すのです。

4 風を風たらしめるもの〜「風の不変項」と「風による演出」〜

　風に吹かれるときの対象の動きを取り上げたので、ここで風の性質についてちょっと述べます。ここには、非常におもしろい性質が見つかるのです。

　風は、空気の流れです。空気は目に見えませんから、私たちは直接風を見ることはできません。風は音を鳴らすこともありますが、それらもなにか別の対象に風が吹き付けたときに現れるものです。それでも、私たちは他の方法で風を知覚することができます。私たちが直接風に吹かれていると、風の流れによって押されたり、毛がなびいたりすることで、風を知覚することが

第3章　なぜ、あの人の動きは艶めかしいのか

できます。しかし、視覚と聴覚に訴えることしかできないアニメーションで風を描くには、風によって何かの対象が動くのを描かなければなりません。そのため、風を感じさせるためには、その動きに風の不変項をしっかりと埋め込んでおく必要があります。

　また、67ページの2枚の図版のように、風は登場人物の持つ雰囲気や心情、状態に情報を添えるための小道具として演出され、描かれることが多いのです。自然事象としての風を描くよりも、登場人物の心情の演出として風を描くことの方が多いと言えるくらい、風は気分を表現します。おそらくこれは、人物や動物以外の動きで、それほど無理の無い方法で動きをつけることができる事象だからでしょう。自然事象としての風の特徴を消さず、同時に登場人物の心情をも表現できるとあれば、便利なことです。ここでも忘れてはならないのは、風はあくまでも自然事象であり、場面として無理な状況で風を吹かせることはできませんし、自然事象としての風が持つ不変項を保持していなければならない、ということです。

　風は空気の流れですが、流れによる動きは、アニメーションにとって使いやすい特徴を持っています。風によって動かされる、あるいは風によってなびく対象の動きは、階段を1段ずつ登るように、段階的に変化するのです。そのとき重要な数があります。「レイノルズ数」といいます。これは、対象の大きさと風の速さを掛け合わせた数値を空気の粘り気で割った、単位を持たない変数です。風によってたなびくものの形は、このレイノルズ数の変化に従って段階的に決まります。また、レイノルズ数が同じであれば、対象がどれほどの大きさで、流れの速さ、ここでは風の速さがどれほどのものであっても、流れの形、つまり風の形が同じになる、という性質を持っています（参考文献〔12〕p.732／750）。

　まとめて一言でいえば、風が木の枝や草原の草、髪の毛をたなびかせるときに作る、周期的でありながら乱雑さを持つ動きとその形で、私たちは風がどれほどの強さで吹いているかを直接知覚することができるのです。

　ある程度以上の速さで風が吹くとき、その中にある風に吹かれている対象は、周期的に波打つような動きをします。この周期的な「波打つ動き」、すな

わち「風のたなびき」は、台風のような非常に強い風の中でも失われない、風による動きの性質です。そうではない風の動きもありますが、アニメーションではほとんど登場しません。風は周期的に波打つもの、ととらえておくだけでも、アニメーションの風を作ることは可能でしょう。それ以外の流れの動きについては、流体力学を学ぶのがよいでしょう。

　風の動きを大げさにすることも頻繁にあります。ただし、そのような風はリアリティを失わせる結果につながりかねません。

　例えば、宮﨑駿監督作品での風は、往々にして対象の動きが大きすぎるのです。風が風として知覚できるような不変項を持たせるためには、先ほど挙げたレイノルズ数を変えずに動きだけを大きくする必要があります。レイノルズ数が同じであれば、私たちは「同じような風の性質」を知覚するのです。そこに、このある種の改造の余地があります。

　レイノルズ数を導く式、「(風が当たる対象の大きさ) × (風の速さ) ÷ (空気の粘り気)」に、宮﨑駿監督作品の風の動きと、「爽やかな風」を知覚させる風に見せることができるようなレイノルズ数を当てはめることを考えます。

　登場人物や対象の大きさは変えることはできませんので、風にたなびく服や髪の毛を大きく動かしたいならば、風の速さを速くし、空気の粘り気を小さくし、そして対象の重さをコントロールして、レイノルズ数を変えずに対象をたなびかせます。すると、風の速さからわかる風の様子は、私たちの身のまわり、私たちの棲む環境には無いほどに大きくなりますが、その一方で同じレイノルズ数を保っていますので、軽くて爽やかな風で大きくたなびく対象、という風を作ることができます。その代わり、大げさに動く風を作ると、空気の不変項としての粘り気や、対象の重さが変わってしまいます。

　宮﨑駿作品に登場する子どもの歩きは、私たちが現実の環境で目にする実際の子どもの歩きや走りではなく、理想化された「宮﨑駿の頭の中にある子ども」の「歩き」「走り」になっています。そのせいで、「宮﨑駿が描きたい子ども」が登場する宮﨑アニメは、すべてファンタジーになってしまうのです。

　それと同様に宮﨑アニメでは、風で大きすぎる動きを作り、空気の粘り気が小さく作られています。その「理想化されて描かれた風」は、私たちの身

のまわりにある風ではない、「気持ちよくたなびく（実在しない）風」になっているのです。このように「宮﨑駿の風」がアニメーション映画に描かれていることが、宮﨑アニメがファンタジーになってしまう要因の1つになっています。宮﨑駿監督作品のアニメーションで作られる風が「軽い」「夢のような」「現実ではない」「作り物」と感じられるのは、このような変数の操作のために起こるのです。

　風の不変項は、流体の動きを作らなければなりませんから、言葉で説明するのは非常に難しいのです。それでもあえて言葉で言い表すなら、風の動きの特徴は、ここで述べた通り、一定周期で振れるようなたなびき方をする、としか書きようがありません。

　ですから、風を描きたいときは、アニメーションで作られた風を見て作り方を学ぶだけでなく、自分で風が吹いている環境の中に入り、そこで見ることができる風を観察し、風の不変項となりうる動きや性質をとらえ、連続する絵や写真を使って作り出すことが必要になるでしょう。さらに風を知覚できる情報や性質について、根拠を持って描きたいのであれば、ほんの少しでいいですので、流体力学を学ぶのがよいでしょう。

8）ヒトの動き───歩き、走り

　この節では、生態心理学の立場と、実際にアニメーションを作る方法について、歩きと走りの動きを例にとって述べていきます。

　登場人物の魅力は、姿形、顔の造作だけでは決まりません。当たり前ですが、動きもまた魅力を作るとき必要不可欠な要素です。様々な動きが、登場人物の人となりを表現しています。そして、状況に応じて変化する動きの様相から、その場面の雰囲気や登場人物の心の動きを感じ取れるように作られているのです。

①　動きが肉感的な身体を作る

　登場人物の身体を、実在しているかのような現実味を帯びたものとすると

きに、必要なことがあります。それは、登場人物の「肉感」を作ること、身体が持つ五感を描くことです。身体が環境中の様々な対象に対して何を感じるか、そのときどう動くかを描くことが、ひいては登場人物の身体の「実在感」を作ることにつながります。
　『マイマイ新子と千年の魔法』で、貴伊子が裸足で土の上を歩くときの描写があります。どうやら貴伊子は、このとき初めて裸足で外を、土の上を歩いたのではないか、という感じがあります。つま先立ちでおそるおそる地面と接し、時折固い対象、おそらくは地面にあった石を踏んだのでしょう、そのときに痛がる様子が描かれています。
　貴伊子は固いものを踏んだその足の裏を、もう片方の足に押しつけるような仕草をしています。このような仕草は固いものを踏んでしまったときに頻発するものでしょう。そのため、貴伊子のこの動きと、それにともなう言葉にならない声を埋め込むことによって、彼女の実在感が増しているのです。この仕草を入れるだけで、彼女の戸惑い、気分、感情を表現することができます。それだけでなく、足の裏で石を踏んだときの痛みを動きを通じて描くことによって、貴伊子の身体のやわらかさ、感覚、初めて外を裸足で歩くときの戸惑いや感覚を作ることができます。ここに挙げたものだけでもこれだけありますが、さらに多くの情報が、動きを描くことによって表されます。こうして、貴伊子の身体と、彼女の持つ感覚を作ることができるのです。
　たくさんのアクションシーンを含んだアニメーションを作るとき、怪我をしたり、たたきつけられたりしたときの身体が感じる痛みや、身体の軟らかさ、あるいは戦う者たちの強い身体を、動きを使って描くことができます。戦ったり、逃げたり、よけたり、向かっていくその動きは、気分や性格だけでなく、ぶつかったときの身体が感じる痛みや、対象や身体の硬さを描くことで、登場人物の実在感あふれる身体を作ることができるのです。
　やや高度な表現方法ではありますが、作ってあるのとないのとでは、身体の実在感が大きく異なるものとなるでしょう。動く対象の身体や肉感を作るとき、たとえ主人公が人間ではない動物であろうと、あまつさえ実在しない対象であろうと、それらが感じる環境中の情報を動きを使って表すことは、

第3章 なぜ、あの人の動きは艶めかしいのか

その存在の実在感を作ることに大きく貢献します。接触したときの感触、痛み、やわらかさ、硬さ、肌触り、ぬくもり、冷えなどを作る練習は必須です。五感で感じる様々な感触を、動きで作る練習もまた、重要なのです。

② 「歩き」という動きの不変項〜転倒の連続と制御としての「歩き」〜

次に取り上げるのは、環境中の対象の移動です。

移動とは、環境中で自分自身の意図と移動手段を用いて、今ここにいる場所から、別の場所にある目的地まで動いていくことです。

このとき、ヒトでは無いものを使ってアニメーションを作るのだとしても、移動を作ることは重要な動きの1つでしょう。このとき、その対象はどうやって移動するのか、移動した結果何かが残るのか、などを考えながら作る必要があります。これらを達成するために、様々な生き物の移動方法を観察することが多いに助けになるでしょう。例えば、アメーバの動きを参考にして、不定型な動物の動きを作ることができます。奇想天外な移動をする対象があっても、その移動方法に何らかの不変項があるのならば、その動く対象の気分や状態をも作ることができるでしょう。

ヒトを描いているのだとしたら、その登場人物は、歩いたり、走ったりします。ときにはハイハイしたり、匍匐前進することもあります。スキップすることもあるでしょう。ここでは特に、ヒトの移動について取り上げます。その中で、歩きと走りの不変項、その動きの違いについて考えていきます。

よく使われる、歩きを表す最も簡単な方法があります。それは下半身、特に足を画面外に隠し上半身を適切なタイミングで上下させる、という動きを作ることです。そのタイミングの作り方の参考になるのが右の○のグラフです。

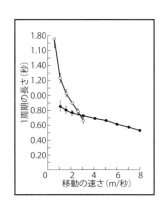

ヒトが2本の足で立って歩くとき、身体、特に上半身は上下に、規則的に、独特なタイミングで、歩きを感じさせる動きを繰り返して動きます。下半身は足を交互に動かすので、これを

生々しく作るのが案外難しいのです。そこで、それを描くことを省いて、上半身が上下するだけの動きを作るのです。これだけで、ヒトの歩きを表現することができます。顔のごく一部、眼のアップだけを映し、画面全体に顔の一部だけの上下の動き、左右の動きを作ることによってすら、その人物が歩いていることを伝えられる情報を持ったアニメーションを作れます。

　ここからは、歩くヒトの全身の姿を描き、動かすことについて考えます。これはやや難しい動きです。

　まず、上半身の上下左右の動きだけで歩きを作るときのバリエーションについて考えます。

　ヒトが歩くとき、上半身だけに注目すると、規則的に上下に動きます。ですから、アニメーションで上半身だけを描き、一定のリズムで上下に動かしつつ、後ろにある背景をずらしていくだけで、歩いている様子を表現できます。このとき、背景は進行方向とは反対の方向に、全体をずらしていきます。そして、背景をずらす速さを適切なものにする必要があります。

　歩いて移動するとき、その速さによって歩きの動きの1周期は大きく変化します。これは、走りとは全く違う、歩き独特の性質です。歩く速さを変えると、上下動のタイミングも変化します。この変化は私たちに、歩いている人物の身体や心の状態、気分を知覚させます。

　生物学的に、バイオメカニクスで歩きを解析したデータは多くありますが、ここで観察された歩きの動きは、実験室の中で、「身体と心がありきたりな状態にある」ときの歩きから得られたデータでしかありません。さらに、この実験ではトレッドミルという、スポーツジムにたくさん並んでいるランニングマシーンのようなものに乗って歩いているので、普段の歩きとは違いがあるのです。具体的に言えば、普段私たちが歩いているときの後ろにある足の蹴り出しが、トレッドミル上の歩きでは、乗っているベルトの後方への動きに足が引きずられるため、このまま普通の地面での歩きに当てはめると、後ろにある足がいちいち滑るような絵になります。物理的、数学的に「このくらいの動きが歩きの標準、平均的な歩き」という解析は、アニメーションを作るときにはあまり役に立たないと言ってよいでしょう。気分や感情によって、

第3章　なぜ、あの人の動きは艶めかしいのか

ヒトの歩きは大いに変化するのです。

　登場人物の歩きは、様々な要因によって変わります。悲しいときや疲れているときなどの場合、うつむき、首は前に倒れ、顔は下を向き、猫背になり、上下動が少ない、ゆっくりとした歩きになります。喜びを隠しきれないときなど意気揚々と移動しているときなどは、顔が上がり、背筋が伸び、大股で速く歩きます。

　歩きの動きには、それ以外にも様々な要因が複雑に組み合わさっています。このことで「歩きという動き」が1つとして同じものでなくなるとも言えますが、どの歩きにも「歩きである」という不変項が必ずありますので、そこはしっかりと動きの中に入れておかなければなりません。そのため、バリエーションがあるとは言っても、「歩きである」という性質、歩きという動きの不変項こそが重要な場合は、気分による動きの変化を入れるほどの差異はないかもしれません。逆に、歩きによって感情や気分、雰囲気を作るときには、歩きの不変項の扱いは軽くなり、代わりに気分や雰囲気を表すための動きが大きくなる、とも言えます。このような差異を作るのが、演じる役者に相当する動画スタッフの技量と、演出家の働きなのでしょう。

　歩く時の足を画面に入れ、それを描こうとすると、結構難しいことがわかります。それというのも、歩きという動きの本質が、「前の方に転び続ける」こと、「前方への連続する転倒を制御して移動する」ことだからです。前に体重が移動するのに合わせて足を前に1歩出し、身体を支え、その足の上に重心が乗るように身体を前へと倒れつつ押し出し、身体全体を前に出した方の足に重心を乗せてからさらに前へと転び、反対側の足を前に出して支える。まるでロボットに歩きを覚えさせようとするときの冗談のようなことを、私たちはやっているのです。

　そのため、ヒトが歩くときの股関節、膝、足首の関節の動き出すタイミングは、着地のときに集中して「足が地面に着く」「関節が曲がり始める」などの事象が起こります。歩きとは、不規則な性質を含みながら、一定のリズムで動き続けるという、複雑な動きなのです。また、動きの制御が転倒の連続であり、体重を支える足は常にどちらかが地面に着いた状態で移動します。

ですから、歩きには、両足が地面に着いている時間帯があるのです。

この不規則かつ周期的な運動を作ることは、第3章第4節の①に記した通り、一定の時間感覚を開けて、それを並べて投影する方法を採用しているアニメーションでは、等間隔でしか時間を切り分けられないため、歩きのような、不規則なタイミングを持つ動きを作るのは難しいのです。これは、アニメーションを時間的に等間隔で切り分ける作り方の弱点だ、と言えるでしょう。時間間隔を自在に操りつつアニメーションを作ることもできなくはないでしょうが、大変な手間がかかると考えられます。

また、歩き始めたばかりの赤ちゃんの歩きは、成熟した歩きとは全く違うのです。歩き始めの赤ちゃんを見たことがある方はわかるでしょう。赤ちゃんの歩きは、大人の歩きとは全く違う動きです。赤ちゃんは、前に進もうと足を上げた後、崩れるバランスに対処するためか、すぐに上げた足を勢いよく着地させます。そのため、「すたすた」歩けず、「ドカッドカッ」と足を勢いよく下ろすことを繰り返して「歩き」ます。そして、歩くことを覚えたての赤ちゃんが急いで動こうとするとき、すぐに四つん這いになりハイハイしたり、すぐに走り出したりするのを見たことがあるのではないでしょうか。これは、歩きよりも楽でスピードが出る動きへと移動方法を変えるために起こることです。歩きという「転倒の連続をコントロールする」ことに慣れ、歩きを自在に使いこなせるようになるには、小学校に上がる頃でもまだ完成した歩きになっているとは言えず、さらに数年くらいかかります。基本的に幼児は歩きが下手なのです。ヒトの大人の歩きとは、高度な身体の動きの制御能力と技術を身につけなければできない動きなのです。

そして、転倒の連続としての歩き、転倒をコントロールすることによる動きとしての歩きという性質こそ、歩きの「動けば動くほど明らかになる歩きの性質」、歩きの不変項なのです。

アニメーションを作るときは、子どもの歩きは大人の歩きとは別なのだ、彼らは歩くのにはまだ慣れていないのだ、すぐ転んだり走ったりするものだ、ということをちょっとだけ考慮してみてください。登場人物の実在感がかなり変わってくるでしょう。

第3章　なぜ、あの人の動きは艶めかしいのか

　付け加えるなら、宮﨑駿が作る（演出する）子どもの歩きや走りは、そこらあたりにいる子どもの歩きや走りと比べれば分かりますが、極めて理想化された動きになっているのが分かるでしょう。子どもはあのようには歩けませんし、走れません。もっとたどたどしく、下手くそに、ドタバタと身体を大きく動かして、よちよちと歩き、ドカドカと走ります。宮﨑アニメは、この、歩きや走りの理想化を含めた、テキパキとなめらかに動いてしまう子どもを作っているため、ファンタジーにならざるを得ない、とさえ言えるのです。

　子どもの動きをうまく作ってある作品として挙げられるのは、『火垂るの墓』の節子や、『マイマイ新子と千年の魔法』の光子の動き、『この世界の片隅に』の幼い頃のすず、すみの動きを見てみるのがいいでしょう。

　『火垂るの墓』の節子の動きを作り上げた作画監督は、『耳をすませば』の監督でもある近藤喜文氏でした。近藤氏が47歳で亡くなられたのが残念でなりません。

③ ヒトの走りの性質、不変項〜跳躍の連続としての走り〜

　では、走りについてはどうでしょうか。

　走る、というのは、歩くときに比べると気分的に持ち上がっていたり、焦っていたり、追い詰められたりしているときに起こる移動です。そうなるのは、走る方が歩くよりもスピードを出しやすいからです。歩きで同じスピードを出そうとしても、そう簡単なことではありません。ですから、私たち動物は、急ぎたい時には走ります。

　私たち動物は、移動の速さを変化させるとき、自分の動きをスムースに変化させることができません。ある速さになると突然動きが切り替わり、歩いていたものが走り出したり、逆に走っているものが歩き出したり、赤ちゃんであればハイハイになったりします。このような動きの1つ1つを「動きの相」と考えると、動きの相が変わる、つまり相転移する、といえるのです。私たち動物の動きは、ある範囲のスピードになると突然切り替わり、異なる動きをするようになります。走るという動きをするのは、ある程度以上のスピードで移動しようとするときです。

走るという動きは、詳しく観察すると、歩きが「連続する転倒の制御」であるのと同じように、とある動作の連続で起きていることが分かります。走りは、「跳躍の連続」です。跳躍と言っても、上方向への移動よりも、身体の向きに対して前方への移動距離を稼ぐような跳躍を連続させ、制御して実現される動きです。ですから、走りには両足が地面から離れている時期があります。

　歩きに両足が着いている時期があること、走りに両足が地面から離れている時期があることは、それぞれの動きの特徴的な性質、不変項の１つです。両足が地面に着いている時間帯がある走りもなくはないのですが、これは「小走り」という、走りとは異なる動きとして感じられるでしょう。

　アニメーションで走りを作るときのひな形として、「２コマ中２枚」という、左足を前に出して地面に着地し、左足を曲げ、右太ももを引き上げ左足を後方へ伸ばし、右足で着地する、という一連の動きを６枚の絵を描いて１周期を作り、それらの絵を１セットとして繰り返して走りを作る方法があります。これを秒速８枚、つまり３コマ打ちで繰り返すと１周期で0.75秒となり、84ページのグラフを読むとだいたい秒速３ｍくらいで移動することになり、これでは100ｍを走るのに33秒もかかってしまいます。６枚のシークエンスを秒速12枚、つまり２コマ打ちで繰り返すと、１シークエンスにかかる時間は0.5秒、走る速さはおよそ秒速８ｍ、100ｍを走らせれば12.5秒で走りきる速さになります。これはかなり速いものです。

　アニメーションではよく「実感を持たせる」ために、動きを速めに、大げさに動かすことが多いですが、これはやや速すぎでしょう。これではやはり、このような走りを中心に据えて動きを作るとなれば、全体がファンタジーになってしまいかねません。それを解決するには、別の方法で走る動作を作る必要があります。

　歩きの例にならって上半身だけ描くことで走りを感じさせるには、「沈み込みがある」ようにすればよい、という話があります。歩きには沈み込むような動きがない、というのです。しかし実際には、歩きも走りも、上半身は上下運動を繰り返しています。どのような姿勢でいることを基準とするかによって、「沈み込み」の有無が変わってきます。歩くときには、両足が地面に着

いている状態のときを基準とするため、上下動するときの一番下にいるときを基準とする傾向があり、走るときには、空中に飛び上がってから片方の足が地面に着いたときを基準にするため、そこからさらに下方向への運動が起きているように見えるのです。そして、歩きよりも走りの方が、上下動は大きくなります。このことから、歩きには沈み込みがない、走りは沈み込むのだ、という話になるわけです。ところが、両方の動きに上下動があるとなると、沈み込むか否かという基準を当てはめようとしても、この特徴は、私たちが普段歩いたり走ったりしているヒトの動きを知覚するときの不変項になっているとは言えないように感じられます。

　実際に自分で歩いたり走ったりしてみると、走るときに「身体を少しかがめて力をため、前方へと跳ぶときにためた力を解放する」という感覚が、どなたにも感じられるのではないかと思います。この感触は一体どうして生まれてくるのでしょう。

　歩きが「制御された転倒の連続」であり、走りが「制御された前方への跳躍の連続」なら、重心の移動のさせ方や全身の力の入り方や姿勢などの歩き、走りに特徴的な情報こそが、それらの動きの不変項です。私たちは、歩きにしか見られない独特な動き、走りにしかない独特な動きを不変項として知覚しているのではないか、という仮説を立てることができます。そしてその基準は、アニメーションを作ってきた方々が発見した歩きの描き方、走りの描き方に備わっていると考えるのが妥当です。そう考えると、「前方への跳躍」を含む走りには、跳ぶための準備として「沈み込み」がある、という実感は間違いではない、と言えましょう。

　私たちは確かに、走るとき、前方へととび出すために動きながらも、一瞬身構えているのです。この「身構え」は、歩きにはありません。歩くときには跳びませんから。沈み込みとは、跳躍の連続としての走りならではの身体と動きの「合奏」の特徴なのです。走りをそうとらえると、沈み込みは確かに走りの不変項だ、と言えます。

コミュニケートできない言葉、コミュニケートする身体
―― アニメ映画『聲の形』

　京都アニメーション制作、山田尚子監督のアニメーション映画『聲の形』は、大今良時の漫画が原作です。原作者はこう語ります。

　「『人と人が互いに気持ちを伝えることの難しさ』を描こうとした」
　「『コミュニケーションそのものを描いた話』なんだよ、という想いを込めています」
　　　（大今良時『聲の形　公式ファンブック』講談社、2016年、p.170）

　この物語は、こんなことから始まります。
　とある公立小学校の普通学級に高度難聴者であるヒロイン「西宮硝子」がやって来ます。彼女の存在は教室に不穏な空気を巻き起こし、やがて彼女は激しいいじめに晒されます。補聴器を壊されるなどの被害も受け、170万円ほどの損害を彼女の家庭は被ることになり、ついに母親が学校にその事実を伝えました。それがクラスに知らされ、その首謀者とされた主人公「石田将也」は、手のひらを返されたようにいじめられ、孤立します。この出来事があって以降、将也は対人恐怖や視線恐怖を持ち、心を閉ざします。
　やがて高校3年生になった晶子と将也は再会し、2人は手話で、たどたどしくコミュニケーションを取り始めます。そこから物語は周囲の者を巻き込みつつさらに進んでいくのですが、なかなかコミュニケーションはすんなりと成立してくれません。
　耳が聞こえるかどうかだけが問題なのではありません。耳が聞こえる者同士でも、コミュニケーションがうまくいかないことを、この作品はあぶり出していきます。

第3章　なぜ、あの人の動きは艶めかしいのか

　「耳が聞こえない」という「障害」は、理解が非常に困難なのです。その理由の1つは、本文中でも触れましたが、耳が「普通に」聞こえる「健聴者」は、どうあがいても「高度難聴者」や「ろう者」の「聞こえ」を疑似体験できないことが挙げられます。

　このことは、パラリンピックに「難聴者」というクラスが無く、これとは独立した形で「デフリンピック」があり、ろう者・難聴者のアスリートたちはそれに参加するようになっていることでもわかるでしょう。「視覚障害者」にも、「四肢障害者」にも、「聴覚障害者」たちの「聞こえ」はわからないのです。

　これこそが、「聴覚『障害』者」と「その他の人」との断絶であり、「聴覚障害」が何故彼らにとっての「障害である」か、という事実の正体です。「障害」とは、「典型者」と「非典型者」との間に横たわる断絶のことを指すと、私は感じています。

　五感のいずれかに機能不全があることや、身体や精神活動の機能不全があることを「障害」というのは、「障害」の何たるかを知らない、「健常者」という名の「障害者」たちが抱える傲慢な「障害」です。非典型であることが「障害」になるのは、「健常者」が、NHKの人気番組『チコちゃんに叱られる』のMC、チコちゃんにはその決め台詞「ボーッと生きてんじゃねえよ！」を浴びせられ、間違いなく叱られるであろう、「ボーッと生きている『無知の者』」であることにその起源があるのです。

　しかし、私たちは言語を使わずともコミュニケーションできます。それが本書の第3章第6節で紹介した、行為の「協調」です。「誰かの髪の毛を梳かす」など、2人以上の人がともに意図を持って行為するとき、そこにはコミュニケーションがあります。この「協調する行為」は、視覚障害者であっても、聴覚障害者であっても成立する、身体が意図を伝え合うコミュニケーションです。

　ところが、原作のマンガでは、高校生の将也と晶子は触れあうことすらも躊躇します。彼らはその時点では、自分たちのある種の恐怖心から解き放たれていないのです。その2年後、成人式のとき、将也は晶子の手を初めて握り、因縁のある小学校時代の同窓会の会場へと入って行くのです。その場面で、原作のマンガはエピソードを締めくくります。

　それに対し、映画では高校生の2人も触れ合います。映画の時間の長さの問題もあるでしょうが、2人はより積極的にコミュニケートしようとし

▶▶▶ 変われば変わるほど明らかになる意味・性質を見る

　ます。とある事件の後、「いつも会う橋」で将也は晶子の手を握り、手話で「友達」を意味する「聲の形」を作らせ、その重なった手を抱くように両手で握ります。それに応えて、晶子は両手の小指同士を絡ませ示します。映画ではこの「聲の形」の意味は語られませんが、手話では「約束」「きっと」「必ず」といった意味のようです。その後の学園祭のシーンでは、晶子が将也の腕を引く場面があります。原作では晶子は将也の腕を握るのを躊躇し、袖をつかんで引いていくのです。しかし映画では、晶子は将也の腕をしっかりと握っています。
　アニメ映画『聲の形』は、「かくして２人は触れあうのでした」と描き、コミュニケーションが成立し、将也の「世界」が「開ける」時を描き、「つづく」かのように静かにカメラを置きます。
　ところが、「協調して動く」ときにも、別の「障害」が立ちはだかる場合があります。コミュニケーションの機能不全を中心とする発達障害の１つ、「自閉症スペクトラム障害」がある者と協調しようとする場合です。自閉症スペクトラム障害の方と協調する行為をしようとしても、うまくいかないのです。彼らは「誰かの働きかけ」に対する「応答」に関する機能不全があるため、例えば彼らの髪の毛を他の誰かが梳かそうとすると、彼らは全身に力を入れて固まってしまいます。
　『奇跡の演劇レッスン』（兵藤友彦著、学芸みらい社、2015年）に紹介されている「レッスン：箸をはさんで立ち上がる」をやってみると、彼らはやはり固まってしまい、何をどうすればいいのかさっぱりわからず、混乱し、不安に陥るのです。このワークショップは、自閉症スペクトラム障害の方にとって困難を極めるものなのです。
　こんなことが書けるようになったのも、おそらく、私が精神的な機能不全を身につけたからです。そのために、私が周囲に障害があるのに気付くことができたということは、実に幸いです。

「彼ら」の世界を知りたくはないか？
──『亜人ちゃんは語りたい』

　治らない病気を抱えている人も含め、厄介な障害、機能不全を抱えている方々は案外自分の身のまわりにいるものです。彼らに対する理解の仕方や接し方を、まるで想像もつかなかったような視点で描き出す作品があります。ペトス氏原作のコミカルな作品、『亜人ちゃんは語りたい』──。発達障害の当事者、発達障害を抱える方のご家族、教員をはじめ、全ての人たちに原作のマンガを読み、TVアニメ化されたものを鑑賞してほしいと強く願う作品です。

　この物語の世界には、人間たちにまじって、「サキュバス」「バンパイア」「デュラハン」など、伝承や神話に登場する「人に近いが様々な点で異なる人」が暮らしています。「亜人」と呼ばれる彼ら、彼女らは過去に差別されてきた歴史を背負っています。しかし作品の舞台ではもはやそれは「過ぎ去ったもの」になっています。少数ではあっても亜人がいるということはもはや当たり前であり、日常生活に何らかの困難がある彼らに対する生活保障制度も整っています。

　この作品では、数少ない亜人の少女たちが同じ高校に３人も同時に入学してきます。さらに新任教師にも亜人の女性が１人赴任してきます。彼女らは伝承にある魔物のような存在ではなく、私たちの世界でいえば、稀ではあるが当たり前に隣で生活している「障害者」のようなものなのです。そして、彼女らは「あじん」という言葉の響きは「教科書っぽくてカッコ悪い」と感じており、自分たちのことを「デミ」と呼んでいます。だから、この作品のタイトルは『亜人ちゃんは語りたい』なのです。

　詳しい話は原作を読んでいただければよいでしょう。ここで重要なことは、主人公の１人、その高校の生物教師である高橋鉄男の、彼女らに対する接し方にあります。高橋先生は実に自然に彼女らに寄り添い、サポートします。「亜人は自分たちとほとんど変わらない人間である」というとらえ

方をしていません。「彼女らはデミである」ことを前提とし、彼女らが抱える困難に寄り添いサポートするのです。そんな彼が語る、彼女らとの接し方を端的に表した台詞があります。

　　ちゃんと『人間性』を見てあげなくてはならないが……だからといって『亜人の性質』の理解を怠っていいワケじゃない／亜人特有の悩みは必ず『性質』に起因するからだ／（中略）／『亜人の性質』だけ見ていると個性を見失う／『人間性』だけ見ていると悩みの原因にたどり着けない／どっちも大切だ／バランスが大事なんだ

「亜人」の部分を「障害者」「発達障害者」に置き換えてみてください。こうした周囲の理解があれば苦労しないと、当事者は思うのではないでしょうか。それほどに重要な、この物語の基本を為している台詞、考え方がここに表れています。さらにこんな話が出てきます。この台詞の後に彼女らの友人になる女子生徒の発言です。

　　さっき亜人は普通の人間と"ほとんど変わらない"って言ってたけど／それはつまり"違うところはある"ってことでしょ？／そういう部分をちゃんと理解してあげなくていいのかなって／そこを見ないで"同じ人間だー"って／それこそ差別なんじゃないかって／（中略）／本当はもっと気軽に／相談したり／単純に亜人のことを語ったりしたいのかもしれない……

　この台詞によって、その場にいた4人の生徒は自分たちが彼女らを受け入れていなかったことに気付くのです。
　私たちの現実の世界でも同じようなことが起きています。「みんな違ってみんないい」「障害者も同じ人間」——こうした"良心"によってできあがる本当の「障害」です。
　機能不全はどうしようと「ある」ものです。それを見ずに何も無いことにするのは、単なる逃げ、無理解でしかないのです。

第4章 たとえその表情が作り物だとわかっていても

▶▶▶ 紙の上の芝居と声の芝居

ここでは、アニメーションでのヒトの動きによって語られるストーリーを表すための動き、アニメーションという芝居についての話をします。

フィクションとしてのアニメーションは、たとえ事実に基づいた物語であっても、作り物の物語を語るのですから、芝居を含んでいることは間違いありません。

アニメーションにおいて芝居を作るとき、大きく見ればすべてのスタッフがその芝居を作るために協力しています。演出、美術、彩色、編集、それらすべては物語を聞かせ、登場人物の芝居を作るために働いていると言えるでしょう。

中でもすべての登場人物や、それを飾る自然事象の動きを作っているのは「動画」と呼ばれるセクションの方々です。

そして、声を入れることができる場合には、その声を演じる役者、声優が大きく関わってきます。

この章では、動きによって物語を作る中核としての「動画」の話と、それに連動する「声の芝居」についての話をします。

1）「かわいらしさ」とは何か——かわいらしさを感じさせる「性質」

① かわいらしさを感じさせる不変項を言葉から探る

　日本の商業用アニメでよく話題になるのは「萌え」という言葉です。どんな感じなのか私も未だにつかみかねているのですが、「かわいい」とのつながりはあるのだろうとは思っています。そんなことを片渕須直監督とTwitter上でやりとりしていましたら、監督の方から「むしろ『かわいらしさを感じる動き』とは何かについて、言語化してまとめていただけると、こちらにとっ

てもありがたいところですね」というメッセージが送られてきました。
　これができないで苦労している作家の方も多いのではないでしょうか。"kawaii"をあざとく狙っていく作品もある一方で、何気なく「カワイイ」を描いている作品もあります。役者や作り手が意図していないにもかかわらず「萌え」の対象になったり、「カワイイ」と評判になったりすることもあるのです。
　いずれにしても、「カワイイ」は日本から生まれたある種の概念として世界に広まっています。それは、清少納言が随筆集『枕草子』の第151段で「うつくしきもの」、今風に言えば「カワイイもの」というエッセイを書いていることを考えると、日本の作品ではかなり昔からあったといえるでしょう。しかし、いざそれを研究して定義しようとしてもそう簡単にはできない概念です。「萌え」を追求しようとして「おにいちゃんCD」に手を出し、そこに「萌え」を心理学上の統計で示そうとした研究すらあり、これには思わず失笑してしまいました。「おにいちゃんCD」というのは、テキスト上で「おにいちゃん」と書いてあるだけでも「かわいらしさ」を感じ取ったり、「萌え」てしまう方々のために特化した音源なのですが、そのことを知らずに手に取ってしまったあたり、事前に何の調査もせず、この難しい問題に頭を突っ込んだことが明白になってしまいました。
　少なくとも私はたくさんのTV放映されたアニメーションを見てきて、そのアニメーションの登場人物に「萌え」たり、「かわいい」と感じて気に入っていました。その「感じ」をどう記述するかという難問にあたり、私は「萌え」たときの「感じ」や、「かわいらしさ」を感じたときの感覚を他の言葉で言い表し、いったいこれらの言葉がどれほどの意味を内包しているのかを考えてみました。それで、現在のところですが、これだけの意味（言葉）を取り出すことができました。

　　あどけない／いじらしい／つたない／かいがいしい／けなげ
　　たどたどしい／可憐な／いたいけな／直向きな／一途な

　こうして並べてみると、ある一定の「感じ」、不変項はあると思われますが、

第4章 たとえその表情が作り物だとわかっていても

言葉にするのにはさらに考察が必要です。これらの言葉はそれなりに状況に対して特化していますが、それを辞書で引いてみると、「かわいい」「かわいらしい」という言葉がこれらの言葉の説明に入ってきてしまうようなものになっています。「あどけない」「いじらしい」「たどたどしい」「いたいけな」というあたりがそうです。

注目できる特質としては、「しっかりしている」「実直な」という説明をされている言葉もあることがまず挙げられます。「かいがいしい」「けなげ」がそれです。「ひたむき」「一途」は、すべての年齢の人につけることができる「かわいらしさ」のエッセンスの1つで、1つのことに集中しているという意味がありましょう。

また、子どもの様子を表現する「かわいい」「かわいらしい」という言葉もあります。「あどけない」「たどたどしい」「つたない」「いたいけな」「ひたむきな」といった言葉がそれです。

そう考えてくると、「かわいい」のもとになっているのは、子どもの様子や動作を前提にしている言葉が結構ある、という印象があります。そのせいで、大人に向かって「かわいい」というのは失礼だ、という感覚が、一時代前にはあったように思います。しかし、今や「かわいい」は大の男にも使われるくらいに使われ方が広がっています。

いや、むしろ、大人の「幼さ」「つたなさ」を殊更にとらえ、「実直な」「一所懸命さ」といった「感じ」を調味料として少し効かせ、それを「かわいい」と呼ぶことも非常に多くなっているように思います。

例えば、アニメーション版『宝石の国』の唯一の男性俳優(声優)中田譲治氏をパーソナリティに迎えているインターネットラジオ番組『宝石の国ラジオ　金剛先生がお呼びです』での、緊張して初々しさを感じさせる彼の司会ぶりを「かわいい」とおっしゃる、WEBラジオ録音に慣れている若手の女性声優のゲストがいらっしゃいました。

この「幼さ」「うまくできない様」そして香る程度の「実直さ」を持つ何かを、「かわいい」と言ったり、「萌え」の対象とするというのは、私の印象としてはかなり当たっているのではないかと、個人的には思います。

そう考えると、片渕須直監督作品で「幼さ」「うまくできない様」「実直さ」が出て来る作品としては、『マイマイ新子と千年の魔法』や『この世界の片隅に』が真っ先に挙げられるでしょう。『BLACK LAGOON』にも、スパイスとして効かせる程度ですが、あるのです。TV放映されたシリーズの最終話の結末に、すれっからしの海賊の女が「かわいらしい」セリフを吐くシーンを発見できたのは痛快でした。

　30年前には「ロリコン」と呼ばれ蔑まれた感覚が、今や経済を動かす原動力の１つになってしまっているのは、隔世の感があります。時代が追いつくまでに時間がかかったのだな、という感じもします。

２　「萌え」「カワイイ」と「エロス」「性的魅力」についての一考察

　子どもの、幼子の動きを「エロい」「艶めかしい」と感じてしまう方はいますでしょうか。こんなことを書くと幼児性愛者という批判も出そうですが、ここでは大切なことですので、敢えて書かせていただきます。

　幼子の動きはエロいのです。

　ネコの動きがエロい、艶めかしいのと同じです。

　それは「かわいい」「たどたどしい」などの言葉に分解できるものですが、間違いなく幼子の動きは「セクシー」というよりも「エロス」を感じる動きです。

　何故そんなことになるのでしょうか。

　それは、幼子が「服を着ていない」からです。身体に何も身につけていない、ということではありません。「あどけない」「いたいけな」彼らに服を着せて飾っても、彼らの「動き」に「服を着せる」ことはできません。ネコの話を加えるなら、彼らの動きは死ぬまで「生まれたままの姿」で居続けます。それもそのはずで、幼子やネコの動きは「社会化」されていないのです。彼らの動きを社会的に整えようとしても、その努力は徒労に終わるでしょう。むしろ何もされていないことが、彼らの価値になっています。

　それが「かわいい」の原点とも言えましょう。それは社会化された結果生じる後付けの「性的な」「オトナの」魅力ではなく、加工されていない、洗練されていない、ただそこにそうしてあるだけの「エロス」＝「生命感」です。

第4章　たとえその表情が作り物だとわかっていても

性的な魅力を、身体のかたちを誇張し強調することで、またそれらを強調するような動きを前面に押し出そうとしても、そう簡単に出てくるものではない「エロス」です。本当に小さな時から、例えば０歳から保育園に入っていると、動きが「服を着る」のが早まる可能性を示唆して下さった方もおります。保育園は社会なのです。

　大人の「かわいらしさ」が時折現れるのも、だれかが何か新しいことに挑戦しようとするとき、あるいは挑戦せざるを得ない状況に置かれたときです。大人の男性であれ女性であれ、そのような環境に遭遇すると、幼子の如く「うまくいかない」「つたない」「たどたどしい」様子が現れます。同時に、そこには初めての仕事に対するときの「実直さ」「直向き（ひたむき）さ」もあります。ラジオで初パーソナリティを務めることになった中田譲治氏の様子もまた、そのようなものでした。

　今のところ、追求して出て来ているのはこのくらいです。こればかり追いかけると、それだけで人生を費やしてしまうのでここまでにしておきますが、忘れずに考え続ける課題としてはなかなかに魅力的な話題です。

2）「泣き」の3態——「泣く」という行為の芝居と演じ分け

　ここで、私が特に気になった３つの演技（芝居）を紹介します。
　これらはすべて同じ女優（声優）、早見沙織（はやみさおり）さんが演じていらっしゃいます。そして、これらはすべて登場人物が「泣く」場面です。これらを比べることで、「かわいい」あるいは「エロティックな」演技について述べることができるかと思います。
「泣く」という行為そのものも、「幼い」というレッテルが貼られるものでもありましょう。しかし、その実態は実に多様です。ヒトは、悲しいときも、辛いときも泣きますが、嬉しいときも、悔しいときも泣きます。もしそれらをまとめて１つの言葉で言い表すのなら、「感極まって」いるときにヒトは泣きます。

▶▶▶ 紙の上の芝居と声の芝居

1 「泣き虫」吹奏楽部部長の「泣き」

まず紹介するのは、京都アニメーションというアニメーション制作スタジオが作ったTVアニメおよびアニメーション映画『響け！ユーフォニアム』シリーズに登場する、小笠原晴香という登場人物です。

彼女は吹奏楽部の部長で、高校3年生です。多少気が弱く、部長という要職にありながら、実際のところは誰もやりたがらなかった役職を半ば押しつけられる形で部長になった、という経緯があります。しかし、彼女はその役職を全うしようとし、次第に芯の強さが身に付いていくのです。

その中でも、まず紹介しておきたいのは、彼女が大問題にぶつかったときに、自分の力で何とかしなければならないと自覚し、自らに「こりゃあ1人でやるしかねえぞ、晴香」と言い聞かせ、頬を張って気合いを入れる場面（右）があることです（『響け！ユーフォニアム』第10回「まっすぐトラン

©武田綾乃・宝島社／『響け!』製作委員会

ペット」）。これは「泣く」場面ではありませんが、この事件をきっかけにして彼女は次第に部長らしい、力強い行動を取るようになっていくのです。しかしその代わり、彼女は涙もろくなるのです。

彼女が所属する元「弱小」北宇治高校吹奏楽部は、新しい顧問の先生によって導かれ、部員たちが頑張った結果、全国吹奏楽コンクールの地区予選を突破します。その演奏から帰ってきてすぐ、オーディションに落選し言わば2軍のメンバーとなった部員たちの応援の演奏を聴き、ま

©武田綾乃・宝島社／『響け!』製作委員会

さに感極まって泣いてしまうのでした。その場面が上です（『響け！ユーフォニアム2』第1回「まなつのファンファーレ」）。

第4章　たとえその表情が作り物だとわかっていても

　晴香は思わず泣いてしまった、というような感じで、力もそれほどは入っておらず、泣き声もそれほど大きくなく「うえーっ、うえー」というような声で泣いています。また、このシーンの後では彼女の隣にいる部員から「何泣いてんの」と突っ込まれ、「ごめんごめん」と謝っています。しかしそれでも涙は止まらず泣いてしまうのです。このあたり、ブルーレイディスク版の副音声で、キャスト陣が映画を見ながらコメントする「オーディオコメンタリー」での会話を聞くと、この場面での彼女の「泣き」の評判がよく、「部長かわいい」という話が出て来ます。

©武田綾乃・宝島社／『響け!』製作委員会

　もう１つ、晴香部長が感極まって泣いてしまう場面（左）を紹介します（『響け！ユーフォニアム２』第12回「さいごのコンクール」）。

　彼女が率いる吹奏楽部は何と全国大会出場まで果たし、名古屋で全国コンクールに挑み、結果、最低ランクの銅賞に終わります。

　そして、演奏も終わり、これから撤収という場面で、部員たちを前にして話す場面で、やはり彼女は泣き出してしまいます。それも、最初は普通に話していたのが、だんだん涙がこみ上げてきて、ついには嗚咽しながら話しているため何を言っているのかよくわからないくらいになってしまいます。銅賞に終わった悔しさ、１年間経験してきたこと、これで引退、など、様々なことが重なってのことで、これはもう泣いても仕方ないよね、という感じもします。ここではしゃべりながら泣いているため、力一杯泣く、ということはなく、その前の場面での泣き声と同じような声で泣いています。

　「泣く」という行為は、「感極まって」「思わず」してしまう行為でもあるため、先ほどの「服を着ている行為」という意味で言えば、嘘泣きや作り泣きでない限り、社会的な制約、つまり「服」を１枚か２枚脱いでいると言えます。しかし、ここでの晴香部長の「泣き」は、それ止まりです。それ以上、社会的に脱衣しているということはありません。大人になりかけの、高校３年生

の女の子が泣いている、それ以上でもそれ以下でもない「泣く」芝居がここで描かれています。

　重要なことは、動画を作っているスタッフも、声を担当している早見さんも、ある意味「自然な」芝居をして、「高校３年生の女の子である小笠原晴香」を作り上げているということです。大げさなこともなく、涙もろい部長らしく、泣くことを抑えることもなく、力まず自然な泣き虫の女の子の「泣き」が、絵と、動きと、声の演技で１つの芝居を作り上げています。

2 リャナン・シーの「泣き」〜妖精の「泣き」〜

　次は少々変わった「泣き」を紹介します。『魔法使いの嫁』という作品の、リャナン・シーという、作中では「吸血鬼」と呼ばれている妖精が泣いている場面です。ここでも、泣くリャナン・シーの声を演じているのは早見沙織さんです。アニメーションの動画を担当しているスタッフも、制作を請け負っているスタジオも違います。それでも、この場面を取り上げるのは、「かわいい」感じや「艶めかしい感じ」を示すにはとても良質な例になっています。

　この作品でのリャナン・シーは、「スグリのような」赤い瞳の、金髪の、実にきわどいなりをしている女の姿の妖精です。リャナン・シーは、「妖精の恋人」あるいは「詩人の恋人」と呼ばれます。彼女は、若い男に取り憑き、歌と詩の高い才能を取り憑いた相手に与える代わりに、相手の生命力を吸い、食べるという妖精です。

　そんなリャナン・シーですが、ふとしたことをきっかけにして、本人もよくわからないうちに、初老のやせっぽちの、「何かに命をかけてるほどのめり込んでいるものもない」ジョエルという老人に惹かれてしまいます。本人は「憑いていない」「愛していない」と言い張りますが、その様子やセリフからすると、どう見ても「愛している」としか言いようのない行動を取っています。

　私の見たところでは、彼女はジョエルが世話していたバラにアフォードされて「取り憑かれ」、そのことによって彼を「好きになってしまった」ため、思わず「取り憑いてしまった」ようです。そのため、このリャナン・シーは、彼女の眷属としてはズレた形で、初めて「愛する」行為、「愛する」気分、

第4章　たとえその表情が作り物だとわかっていても

感情を知ってしまったのだと読んでいます。

　私の見解の裏打ちをしているのが、ジョエルが死んで黒い灰のようになって風に崩れ消えてしまうときの、このリャナン・シーの泣き方にあります。彼女は、先に紹介した晴香部長とは全く異なる泣き方をします。

　彼女は大きく口を開いて泣き、自分とジョエルの身に起こってしまったことを嘆き悲しみます。しかも、その「泣く」芝居は、彼女の見かけとは正反対と言っていいくらいに「純粋な」"innocent"な」泣き方なのです。子どもが大切な誰かから引き離されてしまったときのような「あどけなさ」、愛する者に目の前で死なれてしまった女性の「悲しみ」、初めて愛が成就していたことを知って、その失ったものの大きさに打たれる少女の「嘆き」が、彼女の泣き声に込められているように聞こえます。言葉にすると長くなり陳腐になってしまいますが、リャナン・シーの魅力と、その場面の雰囲気、そして彼女の表情や仕草、そこに見え隠れする彼女の心情が、丁寧に描かれた動画で作られた芝居から感じ取れます。

　これは言葉で説明しきることはできません。おそらくヒトにはあり得ない「泣き声」ではないかとすら思える、「純粋」かつ「艶っぽい」「泣き」を見ることができるでしょう。

　これは、彼女が纏っている「服」が、ヒトが社会的に纏っていく「服」とは異なるものだから、という理屈づけができるでしょう。彼女はヒトが社会で生きるときに身に纏っていくような「社会化」とは無縁です。代わりに、彼女らは「アタシたちの人間の愛し方は食べて与えること」だという固定観念が彼女らの縛り、彼女らの「服」だと言えるでしょう。しかし、彼女は思わぬ形で人を好きになってしまい、その人と結ばれたと同時に失うという劇的な経験をした結果、その固定観念、彼女らの「服」がはぎ取られてしまったのでしょう。

　そう考えていくと、彼女のこの泣き方というのは、ほとんど素裸のようなものなのだと感じられます。様々な感情が一度に表れるこの泣き方は、「ほとんど何も纏っていない妖精の」「泣き」と言えるのではないでしょうか。この演技にはしびれました。

しかし、これ以上のむき出しの「泣き」を、早見沙織さんがしている作品があります。それが『聲の形』のヒロイン、「西宮硝子」の「泣き」です。

③ ろう者、高度難聴者の「泣き」〜生まれたままの「泣き」〜

早見沙織さんはアニメーション映画『聲の形』で、ヒロインにして高度難聴者の西宮硝子(にしみやしょうこ)を演じています。

しかし、考えてみるに、完全な先天ろうではないにせよ、高度難聴者が登場人物中に、しかも主役の１人、ヒロインとして登場するというアニメーションを作る、という段階で、かなり挑戦的です。

しかも、彼女らが使う手話の意味は、かなり多くの部分で、例えば「字幕がついている」というような、言葉の意味を教えてくれることがありません。その上、そのヒロインを演じるのが、健聴者である声優の早見さんであるということも、非常に挑戦的、いや、無謀と言っても過言ではないほどに難しいことだとつくづく思います。

ここで例に挙げたいのは硝子の「泣き」です。詳しい経過は作品を見ていただくこととして、ここでは彼女の泣き方に注目します。

硝子の発する声は、自分がその音をほとんど全く聞き取ることができないため、まさに「生まれたままの声」と言えるような、「声」というよりも「音」に近い、服を着ようにも着ることができない、先ほど例として挙げたリャナン・シーよりも素裸の、むき出しの「声」です。これを健聴者が演じることは、いってみれば声を丸裸にするようなもので、「社会化」された声優にとって困難だったのではないか、と推測しています。

西宮硝子の芝居をするに当たっては、動きや声の出し方、口の動かし方や手話の仕方など、広く深く研究が行われたでしょう。声に関して言えば、ろう者の発する声の出し方を指導するスタッフが声の採録に参加していることが、スタッフロールを見るとわかります。

しかし、それだけでは、西宮硝子が声をあげて泣く、という芝居は大変難しかったでしょう。「丸裸の声」で泣く、という芝居は、まさしく赤ん坊が発する泣き声をそのまま、年齢を高校生にして発しているような、泣き声と言

うより吠え声かあえぎ声のような「音」を発する、表情がつけられていないむき出しの「あー」と叫ぶように泣く芝居が作られています。

　もしかしたら、ここはわざと「赤ちゃんの産声」に聞こえるように、という指示が出ていたのかもしれません。硝子が自殺を図り、将也が助け上げたあと、将也自身が落ちてしまう。その時からずっと漂っていた「死の気配」を一声で打ち消すかのような「産声」のような形をしている聲が、その雰囲気を打ち消すのです。

　この、耳が聞こえないという人物を作るために、多くの時間を割き、それを表す芝居を作り、声を作る芝居を作り、この場面が成り立っているのです。

3）ふり向き──身体、意図、魅力の描き方

① 様々な「ふり向き」の動作

　ここでは「ふり向き」「ふり返り」のアニメーションにおける芝居の作り方について述べます。

　ふり向きにおいて、背を向けている人物が、彼の後ろにある何かに気付いてふり向くなどの場合、１つのセオリーとして信じられてきた作り方があります。「背後にある対象を見ようとするので、最初に眼が動く。次に、眼では追いきれない場合には、首が動く。そして、最後に体が開くようにしてこちら側を向く」というものです。

　実際そのような動きは、代表的なふり向きの動きとして、今でも十分に通用します。

　ここで気をつけなければならないことがある、と私は考えています。

　ふり向く登場人物の意図によって、その動きは違ってくるはずです。

　自分の背後で何か特別な事象が起きたことに気がつき、それを見ようとするとき、事象や対象に目を向けようと探るためにふり向くときには、眼がまず動くという、従来説明されてきた「典型的な」ふり向きになります。

　しかし例えば、ふり向いて背中側にいる誰かに話すことが意図であるような時は、動きや眼の使い方が変わるでしょう。最初に身体を開いてから顔、眼、

というように動いていきます。

　例えば第2章でも触れた『マイマイ新子と千年の魔法』の諾子(なぎこ)のふり向きはまさにそうした動きで、自分の背後にいる人物に話しかけようとしているため、眼が先に動くのではないふり向きをしています［カラー口絵❼］。

　1つのカットの中で、背後にいる誰かに話しかけたり、背後で起こった出来事を見ようとするときには、このようなやり方で描くことができます。では、最初にカメラの側にいる人物の目線から見て、正面を向いていた誰かがこちらを見ながら後ろに身体を向け、歩き去って行く、などのような「ふり返り」をするときにはどうなるでしょうか。次ページの図版を御覧下さい。

　こちらを向いている相手がふり返って去って行くとき、視線はしばらくの間こちらに向いたままになる、ということがよく起こるでしょう。ですから、ふり返る動きでは、まず身体が後ろを向く準備を始め、向こう側へとねじれていき、次に首が動き、その次に顔が動きます。視線をいつまで外さないか、ということに関しては、見ている登場人物の意図がどうであるかということなどが大きく関わるため、ここで眼の動きがいつ始まるかという点については、何らかの法則が発見できるのかといえば、そういうことはないでしょう。ここは「このくらいまで視線を外さないように作れば、カメラの側にいる誰かに対してどれだけ思いを残していくか、どれだけこちらを向いている意図があるのか」といったことが重要になります。

　いずれにしても、ふり向き、ふり返りという動きを作るに当たって必要なのは、カタマリとしての人物などをまず設計しておき、ふり向くときにその人物の形がどう移り変わっていくのかを描くことです。このときどう人物が動くのかについての詳細は、登場人物の意図が深く関わってきます。

2 「ふり向き」が感じさせること

　ふり向きは、基本中の基本である動きの1つでありながら、その登場人物の意図や心情、性格を表現するときに非常に有効な、魅力的な動きです。それは、前に述べた通り、その登場人物の意図や正確、心情がそのまま動きに反映されるためです。

第4章　たとえその表情が作り物だとわかっていても

　何事かに気付いてふり向くときは、1秒も使わずに動くでしょう。できる限り早くその正体を確かめたい、という意図の表れです。

　では、誰か他の登場人物に声をかけられてふり向く、というときには、どんなふり向き方になるでしょうか。それは、ふり向く人物と声をかけた人物との関係も強く関わってきます。

▶▶▶ 紙の上の芝居と声の芝居

　互いに好意を持っているときは、素早くふり向くこともありますし、もったいつけるようにしてゆっくりふり向くこともあります。このときのふり向き方は、それぞれの登場人物の心情に沿ったものになるでしょう。このときの表情は、ときにやわらかく、ときにうれしさが爆発するような笑顔になり、ときには涙をこらえるような表情になることもありましょう。

　厳しい上下関係があってふり向く側が指導あるいは命令される側であるときは、ほとんどの場合、間髪を入れずに姿勢を正して全身がくるりと回るようにふり向くでしょう。

　上下関係がありつつ信頼関係が醸成されている場合で、声をかけた人物が怒ったような声を出して呼んだとき、特にふり向く側の登場人物に思い当たる節があるような場合は、声をかけられてまず縮み上がり、肩が上がり、表情がこわばり、恐る恐るゆっくりと振り返る、ということも有り得るでしょう。

　親が子どもを呼んだときの子どものふり向き、逆に子どもが親を呼んだときの親のふり向きも、様々な状況に応じたふり向きが起こります。良好な関係が築かれているかどうか、反抗期の微妙な揺れ動く心情があるかどうか、子どもと親の年齢はどれほどか、などの要因が絡み合い、ただ「親子である」だけでは済まされないふり向きを作る必要があります。

　これらのことを逆にとらえると、ふり向きという1つの動きだけでも、実に様々な状況が考えられ、それらに応じた不利向きのバリエーションがある、ということです。このような多様な気分、感情、雰囲気、環境などを反映させることができるという意味でも、ふり向きは魅力的であり、同時に多種多様な人間関係や、ふり向く人物の人物像を描くことができる、ということを意味しています。

　ふり向きを制するものが、アニメーションの気分・感情・環境表現を制する、とまでは行かないかもしれませんが、これを押さえておくだけでも大きく違います。様々なふり向きを作る練習をしておけば、様々な人間関係や環境の状態を描くことができるのです。

鋼のアイデンティティ
―― 『宝石の国』の「フォスフォフィライト」

　2017年冬に3DCGアニメーション作品としてテレビで放映された『宝石の国』には、「鋼のアイデンティティ」と呼べるような「変われば変わるほど変わらないもの」を見ることができます。
　作品を解題するための基本の情報として、『宝石の国』の根幹を為す設定を確認します。
　『宝石の国』の主人公とその仲間は、題名の通り宝石がヒトの形を取っている存在です。彼らは石なので性別がありませんし、光合成で栄養を作っているので食事も排泄もしません。またヒトに比べてはるかに長命で、砕かれようと粉になろうと接着すれば元通りになります。彼らは学んで知識を蓄えることはあっても成長しません。そんな彼らは、自分たちをさらおうとする「月人(つきじん)」と戦いながら厳しい環境で暮らしています。
　この作品をアニメーションにする手段として用いられているのが、セルルックの3DCGによる表現です。手描きの部分もありますが、あくまでもCGが基本です。それよって煌めく宝石の「美しさ」、割れてしまう「脆さ」、戦いやアクションの場面での「強さ」が、「強くて、もろくて、美しい」という、この作品のキャッチコピーそのままに作られています。周囲の自然環境やそこに散らばる対象についても、バランスよく丁寧に仕上がっています。アクションシーンもまた「強く」「美しい」ものになっており、原作のマンガが持つ雰囲気がうまく表現されています。
　加えて、主人公「フォスフォフィライト(フォス)」の声を担当している黒沢ともよ氏をはじめ、それぞれの宝石たちを演じている声優の方々の演技が素晴らしいのです。この作品で唯一男性の声になった「金剛先生」役の中田譲治氏の演技が全体を引き締め、母のように宝石たちを包んでいます。
　市川春子氏が描いているマンガの『宝石の国』では、作品の進行とともに主人公フォスの「心」「身体」「動き」すべてが劇的に変化します。彼は

『宝石の国』の主な登場人物たちの中でも300~400歳と「若く」、身体が傷つきやすく極めて脆く割れやすい上、序盤では役立たずの鑑のような「人物」です。そんな彼が主人公となったのはなぜなのでしょう。

　その大きな理由は、彼の「壊れやすさ」にあります。彼は物語の進行とともに壊れ、そのたびに成長し発達するかのように変化していくのです。

　彼は、巨大な貝に食べられて殻の一部になりますが、周囲の宝石たちの力で何とか復活を果たし、貝や他の生き物と会話することができるようになります。次に彼は脚を砕かれて失い、代わりにアゲート（瑪瑙）でできている脚をつなぎ、優れた脚力を手に入れました。脚が速くなった一方、彼は一部の記憶を失います。宝石たちの記憶は頭（脳）ではなく全身にため込まれています。ですから、彼らにとって身体の一部を失うということは記憶の一部を失うことであり、人格の一部を失うことでもあるのです。さらに彼は腕を失ってしまい、代わりに金と白金の合金を腕としました。そのことで彼は高い能力を得ましたが、さらに記憶を失ってしまいました。しかし、彼の人格が変わることはありませんでした。

　アニメーションではここまでしか描かれていませんが、原作ではさらにフォスは変化していきます。それについては是非原作を鑑賞して下さい。

　フォスフォフィライトは彼のオリジナルの身体の半分を失いました。しかし、フォスは変わらずフォスのままでした。もはや彼の身体は最初とは全く違ってしまっており、様々な経験をして変化しているにもかかわらず、彼の基本的な中心の人格は変わらないのです。

　変われば変わるほど変わらないもの——。そのような不変項として「人格」があるならば、フォスはまさに「鋼のアイデンティティ」と呼べるほどの頑健さと柔軟さを持つ人格に恵まれているのでした。

　私は、フォスが変われば変わるほどに、ますますフォスらしくなっていっているように感じています。

　これを読むと、発達とは、成長とはいったいどのような過程なのか、もう一度考え直した方がいいのではないか、そんな感慨さえ覚えるのです。

第5章 見えそうで見えないあの人の姿

▶▶▶ **隠し隠されるものと、そのヘリが持つ意味**

ここで包囲光とその配列、対象表面の肌理などの話に戻します。私たちは線で絵を描くことが結構あります。
生態心理学の立場から考えると、線画で表される情報や線で描かれる何かの意味は、直感的に考えるだけでは突き詰めきれず、アニメーションの作成にも大きく関わる意味があるのです。そこで、ここでは絵における線で描かれる事柄について、代表的かつ最も重要な環境中の事実の1つを取り上げましょう。

1) 遮蔽と遮蔽縁〜蔽（おお）い隠す縁（へり）〜

① 対象を区切る輪郭は『線』なのか

　まず、その「線」を発見できる街中にある様々な対象を観察点、ここではスマホのレンズの位置を変えながら撮影してみました（次ページ写真）。

　上の写真では電柱に遮られその向こう側が隠れて見えなくなっていますが、電柱の向こう側だけ虚無になっているわけではありません。その証拠にカメラを左方向に動かしていくと、この状態では隠れて見えない部分が見えてきます（下の写真）。

　少しカメラが左に移動したときの電柱とその向こう側の写真を見ると、これまで見えていた道路の脇にある煉瓦模様の地面や植え込みが、隠れて見えなくなっています。それに代わって、これまで電柱に遮られて見えていなかったガードレールや謎のポールが見えるようになっています。

　これは動画で撮影したものです。これを1コマずつ見ていくと、電柱の向かって右側の道路や歩道部分がだんだん遮られて見えなくなっていき、向かって

▶▶▶ 隠し隠されるものと、そのヘリが持つ意味

左側は少しずつ遮るものが外れて見えてくる様子がよくわかります。

このとき電柱の右端と左端を絵で描くならば、「線」で輪郭を描くことになるでしょう。しかし、本当にそこに「線」は撮影されているでしょうか。電柱の右端や左端は、後ろの風景と「線」で区切られているでしょうか。

そう、実際にはここには線がありません。線画で描こうとするときには、必ず線で描

かれることになる手前にある対象の「輪郭線」ですが、実はこれ、線ではないのです。

では、線に見える「これ」は、一体何なのでしょうか。

それからこの対象ですが、電柱と書いてあるからわかるようなもので、実際には円柱であるという保証がありません。では、電柱が円柱だとわかるためにはどんな工夫をしていなければならないでしょうか。

2 背後を蔽い隠す対象とその形について

その解決方法が写真に写っています。ガードレールの端にある支柱を見てみると、写真に支柱の上側が写っています。どんな形に見えますでしょうか。

円ですよね。

この場所から写しているため、円ではなく楕円が見えるでしょう。円であることを確かめるには真上から撮影しなければなりません。

同じように電柱の一番下、道路に刺さっている部分を撮影すると電柱が円形であることが一目瞭然になります。

しかしそのような写真を撮らずに、遮っている対象の形を撮影する方法があるのです。電柱をずっと画面の真ん中に入れながら、そのまわりをぐるりと回りながら撮影するのです。

この撮影方法は多くの場合、「まわり込み」と呼ばれます。このように撮影すると、ずっと同じ幅を取りつつ肌理の見え方の変化の仕方が独特なものになるので、この対象が円柱であることが知覚できるのです。

では、具体的にどのような遮り方や肌理の変化の仕方から、この対象が円柱であるということを私たちは知覚できるのでしょうか。ポイントは、「手前にある対象がその向こう側の背景を遮って隠している」というこの言葉遣いにあります。「遮っている」とは、何が何を遮っていてこのように見えるというのでしょう。

遮り、蔽う。

言葉にすればただそれだけのことですが、この事実こそアニメーションの遠近感を作る最も重要な情報の1つであり、私たちが遠近を知覚するときの非常に重要で有効な情報になっているのです。そして、「遮り、蔽う」仕方によって様々な情報がそこにあることが知覚でき、私たちに遠近感と対象の形についての情報をもたらしてくれるのです。

では「遮り、蔽う」ことについて、アニメと実写の写真を使いつつ述べていきます。

2) 遮蔽──遮り遮られる表面の肌理とその縁(ヘリ)

1 遮蔽と私たちの知覚

まず「手前にある対象が、奥にある対象を遮り蔽う」ということについて述べます。

113ページの写真にあるように、「遮り、蔽う」表面と「遮られ、蔽われる」対象の表面の肌理の関係は、「今この時、この場所から見える」視覚において非常に重要な情報を形作っています。この「遮り遮られる」対象の配置と知覚について、アニメでの作り方と生態心理学でのとらえ方、そしてその繋

がりについて説明していきましょう。これは陸棲生物が多くの対象に囲まれた自分の巣、すなわち自分が今いる環境中で移動し、探索し、生活するときに必須の情報をもたらすのです。

このような、観察点から見て手前にある対象がその奥になる対象を遮り蔽うことで見えなくなっていることを、生態心理学では『遮蔽』と呼んでいます。

② 遮蔽する表面、遮蔽される表面

まず電柱が遮る風景の写真を使い、遮り蔽う対象の表面と遮られ蔽われる対象の表面が持つ情報について説明します。

こんな写真、遮り遮られる包囲光を撮影するためには効果的ですが、絵としては全く使えません。動画としてのアニメーションであっても、こんな場面は一瞬のうちに通り過ぎていくときを拾い上げなければ、こんな場面はないでしょう。しかし、視覚を考えるときにはとても有効です。

手前にある対象の表面の肌理から来る光の束は、この環境における包囲光の一部であり、この対象に固有な包囲光配列を為しており、私たちの眼でとらえられる視覚情報になっています。そしてこの対象は、観察点から見てこの対象の後ろ側にある対象から来る包囲光を遮っています。

この向こう側がどうなっているかを見たいとき、どうすればいいのでしょうか。

簡単です。観察点を移動させればいいのです。つまり私たちが動き眼の位置を変えればいいのです。

実際に観察点を動かしてみると、電柱とその向こうに隠れる対象を写し、その後カメラを移動して撮影した写真のように見え方が変わります。電柱で遮られていた向こう側の風景が一部見えるようになっています。

これは手前にある対象と観察点との位置関係が変わったことでもたらされた、包囲光の見え方の変化の結果です。遮られて蔽われていた包囲光配列が、観察点の移動によって私たちの眼に届くようになったのです。その代わり、今まで観察点に届いていた反対側の包囲光が遮られ蔽われ、知覚できなくなってしまいました。

今まで見えていなかったものが見えるようになり、今まで見えていたもの

第 5 章　見えそうで見えないあの人の姿

が見えなくなりました。しかしその向こう側のものが消え失せたのではありません。ただ蔽われただけです。蔽われたので、向こう側から届いていた包囲光とその配列が観察点に届かなくなったのです。

では、どうすれば今まで見えていたものを再び見ることができるでしょうか。

これも簡単です。観察点、つまりカメラの位置や眼の位置を、前に見ていたところに移動すればいいのです。記憶を頼りに想像する必要は無いし、想像力を働かせて見えない部分を脳が創造するなどという偉業は必要ありません。観察点に眼やカメラを置いていた私たちが、もう一度移動すればいいだけのことです。

もう一度言います。想像力はこの時必要ありません。必要なのは、元の位置の観察点から見た包囲光配列をもう一度観察するための動く隙間と、そこに移動する手段です。

このように、ある特定の観察点において知覚する眼から見て手前側にある対象が、その向こう側にある対象群から来る包囲光とその配列を遮り蔽うことを、ギブソンは「遮蔽（Occlusion）」と呼んだのです（参考文献〔１〕pp.78–86）。

ものすごく単純なことですが、観察点と対象の位置関係で包囲光配列が変化することにより、私たちがとらえる視覚情報は、対象表面の遮り方、蔽われ方にしたがって変化するのです。

3) 遮蔽縁──そこに線は存在しない
　；背景と人物とクミとBook

1 遮蔽縁〜「輪郭」で何が起きているのか〜

ここで、私たちが「輪郭」と普段呼んでいる環境中の事実について考えてみましょう。

ここまで、観察点である私たちの眼から見て手前にある電柱が、奥にある風景を遮り蔽っている、ということについて述べました。すると、電柱には輪郭が見えるでしょう。

▶▶▶ 隠し隠されるものと、そのヘリが持つ意味

これを線で絵に描くとするならば、電柱と風景の境目に線を描き、電柱という対象と、その背後にあるものを分ける線を描くことになろうかと思います。

しかし、その「輪郭」、本当に「線」なのでしょうか？

別の例を使って、遮蔽している対象と、その奥に蔽われ隠されている対象の、それぞれの対象表面の肌理に注目して、じっくりと観察してみましょう。

これも絵にするにはまるで適さないものですが、手前の対象が奥の対象表面を遮蔽することを観察するにはもってこいの例になっています。

今度の場合、手前にあるのは街路樹です。右側に青い自動車の先頭が見えているのがわかります。この車はここから見て左方向へと移動していきます。すると、当然、自動車から来る包囲光はこのように街路樹に遮蔽され、見えなくなります。ですから、街路樹の表面の肌理から来る包囲光は私たちの眼に届き続けますが、自動車の表面から来る

第5章　見えそうで見えないあの人の姿

　包囲光は街路樹に遮蔽され、当然私たちの眼には届かなくなります。
　時間が経てば、この青い自動車はどんどん隠れて蔽われ、私たちの眼には見えなくなっていきます。
　一方、街路樹の表面から来る包囲光とその配列には何の変化もありません。街路樹の表面の肌理から来る包囲光とその配列は、保たれたままです。
　そうかといって、この自動車は隠れただけで消えたわけではありません。少し時間が経つと次の写真のように、この自動車の先頭部分が街路樹の反対側の端の方から現れてきます。
　4枚目の写真では、左方向へと進んでいく自動車の先頭部分が遮られ蔽われていた街路樹の対象表面からはみ出し、自動車の対象表面から来る包囲光とその配列の一部が、街路樹の向かって左側の境目から現れてくる様子がわかります。街路樹の反対側を見ると、自動車はまだその後ろに隠されていきます。
　では、街路樹の対象表面と自動車の対象表面との関係は、それぞれの対象とそこから来る包囲光とその配列の観点から見ると、どのようなことが起こっているでしょうか。街路樹の対象表面と自動車の対象表面が蔽い蔽われる部分を拡大して、その境目をじっと見てみましょう。
　街路樹の表面およびそこから来る包囲光とその配列は、自動車の動きとは全く関係なくその場に在り続け、その肌理から来る包囲光配列は保存されています。
　一方、自動車の表面およびそこから来る包囲光とその配列は、自動車が左方向へ移動するにつれて街路樹の後ろ側にどんど

118

▶▶▶ 隠し隠されるものと、そのヘリが持つ意味

ん隠れていってしまうため、左の写真（前ページ）と比べて右の写真（同）では隣り合って並んでいる配列、順序が壊れてしまっており、全く違う包囲光配列ができ、観察点である眼に入ってきます。

では、この街路樹と自動車の表面から来る包囲光配列が切り替わっている部分に「線」はあるでしょうか。絵で描くならばここの部分を線で描きますが、この写真を見ると、そこには線も何もなく突然切り替わる境目だけがあります。

さらにこの包囲光配列の並びが変わる境目を見るため、街路樹の向かって左側の境目を見てみましょう。

こちらでも、2枚の写真を比べてみても、街路樹の表面およびそこから来る包囲光とその配列は、自動車の動きとは全く関

係なくその場に在り続け、その肌理から来る包囲光配列は保存されています。

一方これらの写真の街路樹の左側を見ると、左の写真では自動車の頭の部分はなく、最も後ろに背景にある道路やその向こうの風景から来る包囲光とその配列があります。少し時が経つと、突然、自動車の頭の部分が街路樹と風景の境目から現れ見えるようになります。代わりに、それまで見えていた遠くの風景は自動車に蔽い隠されて見えなくなります。

包囲光配列に着目すると、これまで見えていなかった自動車の表面から来る包囲光配列が、街路樹という対象の覆いをはずされて見えてくるのです。街路樹に隠された後ろ側に自動車は存在していましたが、その表面から来る包囲光配列が私たちの眼に届かなかっただけです。その自動車は突然現れた

第5章　見えそうで見えないあの人の姿

のではなく、隠れていた所から出て来たのです。

　ここでも街路樹の右側と同じように、街路樹の左側とその向こうとの境目から左側の部分で包囲光配列の並び順が壊れ、観察点に劇的な変化が起きています。しかしここでもこの部分に線はありません。絵では線で描かれますが、実際にはここにあるのは境目だけです。

　この境目とは対象を見ている動物にとっては一体何なのでしょう。境目となる部分にあるものは、蔽い隠す対象およびその表面で考えると何なのでしょう。

　ここにもギブソンの発見、見方の転換があります。

　街路樹の右端、左端は、街路樹の縁ですね。

　そう、環境中の対象には縁があるのです。縁を境目にして、蔽い隠す側の表面の包囲光配列は保存され、その後ろ側の表面は時間経過とともに包囲光配列が壊れます。

　むしろこれは逆に書くべきことで、包囲光配列がいつまでも保存されている表面を持つ対象は、私たちの眼から見て一番近くにある対象です。それがその向こう側の包囲光配列を隠しているのです。その後ろ側にある対象から来る包囲光配列は、その並び順が遮り蔽う縁の部分で削られ崩壊し、劇的な変化が起こります。この縁を境にして、遮られ蔽われる表面の肌理及びそこから来る包囲光とその配列は崩壊します。これを「隣接順序の動的崩壊（Kinetic disruption of adjacent order）」と、ギブソンとその研究グループは呼びました（参考文献〔3〕pp.152-153）。

　このような、手前側にあって向こう側を隠す対象の縁は、必ずその後ろ側、観察点に対してその後ろ側にある包囲光配列を遮蔽します。この境目を「遮蔽縁（Occluding edge）」とギブソンは名付けました（参考文献〔1〕p.308）。

　手前側にある対象の縁は遮り蔽う部分との境目、つまり遮蔽縁になっているのです。そこで起こる遮り蔽う表面と遮られ蔽われる表面との変化は実に劇的です。今まで見えていたものが隠れて見えなくなり、逆に遮蔽縁から覆いを外れた何かの表面が現れるのです。

　この遮蔽縁こそが「輪郭」の正体です。ここに線はありません。代わりに、ここには手前の対象表面の肌理と奥にある対象表面の肌理との境目があり、

遮蔽縁があるのです。

　しかし絵で描こうとするとこの境目はどうしても線で描きたくなるものですし、私たちはそこに線を見ています。遮蔽縁は線として表現できるのです。だからこそ、私たちはそこに輪郭があり、輪郭は線であると思い込んでいるのです。実際にはそこにあるのは遮蔽縁であり、線ではありません。

　それを発見するための最もよい方法として、線を使わずに絵を描くという方法があります。線を使わず肌理の境目を表現する方法で描くことによって、この境目を見せることができるのがよくわかるでしょう。自分で絵を描いていないという方は、クロード・モネが描いた「散歩、日傘をさす女性」を見てみましょう。線を使わずに遮蔽縁が絵の具の塗りの境目として描かれているのがわかるでしょう。

2 アニメーションにおける遮蔽縁の描き方・作り方・見せ方

　CGアニメーションには、大きく分けて2つの画像の作り方があります。まるで現実の対象をフィルムや写真で撮影したかのような「生っぽい」CGを使って作られた対象を、写真で撮影したかのような背景において作るのが「フォトリアル」と呼ばれるCGアニメーションです。

　それに対して、TVアニメ『宝石の国』のようにセル画調のCGで作られたアニメーションは「セルルックアニメーション」と呼ばれます。ここではセルルックアニメーションを取り上げ、線がどのような役割を与えられて表現に寄与しているかということについて考えます。

　アナログフィルム時代のセルアニメーションのように、セルと背景を重ねて撮影してアニメーションを作る方法や、デジタル化され描画編集ソフトウェアでレイヤーを重ねてアニメーションを作るという方法の記述については、実制作を行っている先生方にお任せします。

　ここでは、生態心理学とセルルックアニメーション作成の方法を同時に同じ皿に乗せて味わうとき、どんなことがわかるのか、ということについて語ろうと思います。

　遠くに見える動かない対象は「背景」として一番下の絵の層に置きます。

第5章　見えそうで見えないあの人の姿

　そしてその画面の包囲光をとらえられる観察点に対し遠い順に、パーツを重ねて1コマの絵を作ります。このときセルまたはレイヤーには、動く対象の持っている情報や性質のうち「輪郭」など線で表すことができる視覚情報が取り出され、線画として描かれます。ここにさらに様々な効果を付けていくことも非常に多いですが、基本的には動く対象、特に人物はまず線画として描かれ動きを作っていきます。

　かつてのセルアニメーションでは、重ねられる紙や画材の枚数に制限がありました。セルを重ねすぎると厚みができて影ができてしまうのです。しかし、現在の主流であるコンピューターを用いた「撮影」──実際の作業としては、アニメーション制作アプリケーションを用いてアニメーションの素材となる1枚の画を作る──ときには、何枚でもレイヤーを重ねることができるようになりました。

　厚みのあるセルに絵を描き作成していた頃は、何十枚も絵の層を重ねることはできませんでした。そのため、様々な工夫を駆使し、大胆な省略を行い、必要な部分を注意深く拾い、カメラで1コマずつ撮影して、アニメーションが作られていたのでした。

　これら、本物の「セル」であれ、コンピューター内の仮想の「紙」であれ、描かれた絵のレイヤーを重ねて作成する絵を用いてアニメーションを作成する方法には特徴があります。背景を奥に置き、動く対象を線画で描いて重ね、そこに後から色を塗り、背景の手前に置き撮影する、という方法を採用しているということです。こうすることで、背景にあるものが変わらない限り背景を変える必要がなくなり、人物などの動きをその場面の中で描き出し、重ね、撮影することによって、1つの画角の中で動く人物を効率的に描き出せるのです。

　それはまさに遮り蔽う表面の肌理を作り、同時に遮られ蔽われる表面の肌理を作ることが出来る方法なのです。表面の肌理をデザインできれば、それらによって作られた包囲光配列は私たちの眼でとらえることができるものになっています。

　では、このような発想で作られるアニメーションの中で用いられる「線」は、一体どんなことを表現し、それを見る私たちにどんな情報をもたらすのでしょ

うか。『マイマイ新子と千年の魔法』の場面を使いながら、線に込められた意味を探っていきましょう。

　線の役割としてまず挙げられるのが、ここまでずっと扱ってきた「輪郭」でしょう。「輪郭線」は動く対象、特に人物の見た目の形を表すのに最も効果的で重要な意味を持つ線です。この絵においても動く対象や動く可能性がある対象は、その輪郭としてとらえられる部分が線として取り出され描かれ、後から色が付けられています。

　第2章の冒頭で取り上げた『マイマイ新子と千年の魔法』の図版（41ページ）を、再度ご覧ください。2人の子どもの輪郭だけでなく、手前に背を向けている新子が座っているベッドの布団や、貴伊子が座っている椅子は、線画で描かれているようです。これらはこの場面において、動物（2人の子ども）によって変形させられ位置を移動させられ得る対象です。布団は新子が座ることによって変形し少し沈んでいるのがわかります。その情報が無ければ、新子の体重がゼロになってしまいます。これは「実在感」を作るには致命的な情報の欠如です。

　実際には「輪郭」は線ではなく肌理の境目、遮蔽縁です。たとえそうであっても、そのことを知った後であっても、ヒトの身体を描くときにその形を最もよく表すのは「輪郭」であり、輪郭は線にしか見えないという方は多いでしょう。今、この場所から見るときの対象を線で描くことは、今この場所から見える対象の形を最も効果的にとらえることができる方法の1つですし、ここに多くの情報を重ねていくことでより豊かな情報を持った絵を作ることもできます。

　背景や「美術」と呼ばれる動かない対象の部品に、人物などの動く対象が遮蔽される絵を作るときの工夫があります。このようなとき、背景や美術とセルに描かれる動く対象の全ての配置を設計する「レイアウト」を作成しますが、このとき、ここが人物を隠す遮蔽縁になっていて人物はその向こう側に隠れますよ、という線を指定します。そして、動く対象を描くスタッフはその部分で動く絵の方が隠れているように見せるため、その線で対象をスパッと切り落とすかのように絵を区切って描きます。

第5章　見えそうで見えないあの人の姿

　一方、背景や美術を担当するスタッフはその線の位置に合わせて遮り蔽う方の対象を描きます。それらを重ね合わせ撮影（合成）すると、セル画と背景で作られた線はぴったりとはまり、その部分が遮蔽縁となるように画面を作ることができます。隠れている部分を描かずに、後から重ねて隠している対象を組み合わせて「隠されていますよ」という画面を作るわけです。

　このような部分にある線は「組み合わせ線」と広く呼ばれていました。今では略され「クミ」とだけ書いてあることがほとんどです。こう指定しておくと、動画を描くスタッフと美術を作るスタッフが力を合わせて遮蔽関係を作り上げるのです。

　もし人物の遮蔽縁を「輪郭線」として描かないとすれば、どのようになるでしょうか。非常に手間のかかることになるでしょうが、きっぱりとした形を作らずに環境中あるいはアニメーションの舞台に対象を作るとすれば、線画では消えてしまう対象の情報を取り出して対象とその遮蔽関係を表現することになりますから、全く異なる雰囲気のアニメーションを作ることができます。

　また、遮蔽縁を線として描かないアニメーションは、アニメーション作品として世に出ているだけでなくストリートファイターⅤ（CAPCOM、2016年）のようなコンピューターゲームにも用いられているので、それらの動きや作り方を参考にするのもよいでしょう。

　最初から遮蔽縁を描くこと必要がない方法で作られるアニメーションもあります。その代表が、クレイ（粘土）アニメーションです。

　粘土やぬいぐるみ、人形、野菜、ストローなどで作った造形物を用いて作る「立体アニメーション」は、もともと絵を描いて作っているのではないですから、遮蔽縁は動かす対象の配置に従ってできあがっていきます。この方法は「遮蔽縁は線ではない」ことに近づく方法として有効かもしれませんが、その反面動きを作るのが難しいこともあるようです。特に宙に浮いた状態になる対象、例えば投げ上げられたボールをクレイアニメーションで作るというのは非常に難しいのです。これを解決するための様々な知恵ももちろんありますが、これも実際に立体アニメーションを作っている方に尋ねるのが一番でしょう。それ以外にも、ガラスに油絵を描くようにして作られるアニメー

ションや、砂を使って作るアニメーションなどが挙げられるでしょう。

　人物や動く対象を描く線にさらに多くの情報を埋め込み、太さや色を変えて引く線によって輪郭を描き、その効果を発揮させる作り方もあります。輪郭線に太さの変化や形の変化を持たせると、それだけで例えば人物の印象や心の在り方、意図などが変わって見えてきます。線を操ることができるようになると、遮蔽縁だけではない他の情報を様々な線で表すこともできます。線だけでアニメーションを作ることも可能です。線画のみで作られたアニメーションは、遮蔽縁などの生態心理学的な環境中の事実を超えた非現実的な作品も作れます。そのことこそがその作品が持っている様々な情報、雰囲気などを作り出す基礎になるでしょう。

　描線は万能と言えるほどに様々な対象を描くことができます。線で描かれたイラストは数限りなくありますし、デザインにも線画は用いられています。それほどに線には様々な意味や性質を埋め込めます。

　線だけで世界を描くことができるのだという信念を持って線画を描くとき、それはもはやただの線画ではなく、対象の様々な性質や登場人物の意図を観る者に伝えられる作品となるでしょう。

　要は、アニメーションを作ろうとするとき、どんな手法を使うのか、どんな作品にするか、どんな特徴を対象から取り出すか、取り出した特徴をどこまで表現し意味を埋め込むのかという信念が問われることになるでしょう。

　生態心理学と生態学的視覚論は、その意味や作り方をそっとサポートし、説明することができる理論なのです。

4）自己遮蔽——対象の立体感を構成する情報

　今度は1つの対象それ自身だけでも起こる遮蔽についての話です。この方法を使うと、平面的な絵でも立体的な対象の形を伝えることができます。ただし、この遮蔽は動かなければ現れません。つまり1枚の絵で表現するのではないアニメーションだからこそ埋め込むことができる意味、情報なのです。それが、対象それ自身が、今この位置から見ているとき向こう側にある対象

第5章　見えそうで見えないあの人の姿

それ自身の表面を隠す遮蔽、自己遮蔽です。

1 回転する特定の形をした対象の遮蔽縁で、肌理に起こること

　自己遮蔽を解説するにあたって、実際にムービーとして典型的な対象を動かし撮影し、特徴ある部分を抜き出してみました。

　まず、円柱です。

　観察点に真っ正面に向いている星印が着いている正方形は、間違いなく正方形に写っています。それが円柱が時計回りに回転していくと、正面の正方形がだんだんと横方向から力を加えられるかのように圧縮されていくのがわかるでしょう。さらに円柱を時計回りに少しずつ回しながら次々に撮影すると、円柱の縁の部分でその場所にあった四角形——肌理が縁の向こう側に回り見えなくなります。

　では、見えなくなってしまった肌理は、消えて無くなってしまったのでしょうか。

　そうではありませんね。

　縁にある肌理は回転するときに後ろ側に回り、対象自身のこちら側を向いている表面に覆い隠され、その肌理から来る包囲光が遮られ見えなくなったのです。その証拠に、ずっと円柱を回し続けると今度は反対側の右側の縁から再び星印が視界に入ってきます。

　四角柱で同様のことを撮影すると、円柱とは全く異なるやり方で肌理がひしゃげていき見えなくなります。最初の写真を見ると四角形が見えますが、これが四角柱なのかどうかわかりません。これを時計回りに回しながら動画

▶▶▶ 隠し隠されるものと、そのヘリが持つ意味

を撮影しサンプルを抜き出しました。

この場合では、様相が円柱とは全く異なります。

ついさっきまでこちらに向いていた長方形は、左側にずれて横方向から押しつぶされるかのように圧縮されひしゃげていきます。そして向かって右側の縁から突然ひしゃげた市松模様の表面が現れます。

さらに回転していくと、左側の表面はさらに圧縮され細長くなり、市松模様もひしゃげていきます。右側の表面はどんどん大きく拡張していき、1つ1つの四角形がだんだんと正方形になるように見えてきます。

手前側に角の1つが正面に来る位置では、ひしゃげた長方形が並ぶ2つの面が中心にある境で対称になっ

ているように見えます。このとき、角の両側の市松模様の四角形のひしゃげ方は全く同じになっています。

さらに時計回りに動かしていくと左側の表面はさらに細く圧縮され、右側の表面が正面にやって来たとき突如として消失します。これまで「右側」といっていた表面は今や正面になり、もとの表面ではない異なる表面の市松模様が正面になるように変化します。この場合も、左側に今までずっと見えていた表面の肌理は四角柱それ自身に覆われて見えなくなっただけであり、回し続けると再び元々見えていた表面が現れます。

円柱と四角柱の肌理の変化の仕方を比較すると、決定的な違いがあることがわかるでしょう。円柱では向かって左側のヘリに回転していくにしたがって、スムースに市松模様の正方形が横から押されるようにひしゃげ圧縮され、縁

第 5 章　見えそうで見えないあの人の姿

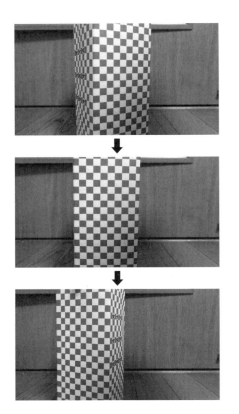

へと到達した丁度その時に後ろ側へと隠されていきます。この時の変化の仕方はだんだんと、しかし次々と起こる変化です。

　それと比べると四角柱が回転するときの肌理の見え方・隠れ方は劇的に変化します。回転するにつれ、回転方向にある表面はどんどん圧縮されていき、逆側の表面は拡張されていきます。そして回転方向側にある表面は、観察点と四角柱の縁が同一線上に重なると同時に突如全て隠れ見えなくなり、代わりにこれまで拡張されてきた表面は真正面を向き、市松模様は正方形になり、四角柱全体の見た目は長方形になります。

　しかし、それはほんの一瞬、表面と縁が観察点から見て同一線上にあるときだけに起こることで、その次の瞬間、蔽われていくのとは反対側にある表面と肌理が圧縮された形で突如現れます。そしてその表面は回すにつれだんだん拡張されていきます。逆に、これまで拡張を続けていた表面は圧縮され、ひしゃげていきます。

　文章にすると長々と言葉を連ねなければなりませんが、実際に円柱や四角柱を回しながら1コマずつ写真を撮るか、動画を撮影し1コマずつ見ていくと、その様子は一目瞭然です。より実感するためには、自分で作って回して観察することを強くお勧めします。

2　ふり向くとき包囲光配列に何が起きるのか〜自己遮蔽の描き方と利用

　では、ここで見てきた表面の肌理の見え方の変化から、どんな知覚情報が

▶▶▶ 隠し隠されるものと、そのヘリが持つ意味

そこにあるのかについて吟味していきましょう。

円柱と四角柱に表面の肌理の変化の仕方には大きな違いがあることは、先ほどの例でわかるでしょう。しかし、どちらも地面の上に立って回転しています。そこには、円柱・四角柱それぞれに特徴的な変化と、両方に共通することがあるのです。

円柱の方がよりわかりやすい例ですので、これを振り返ってみましょう。円柱が回転するとき、その表面の肌理は遮蔽縁となっている左右の端で非常に特徴的な変化をします。回転すると、だんだん正方形の形が横方向に押しつぶされていくように細くひしゃげます。そして遮蔽縁に到達したとき、正方形は見えなくなります。しかし、観察点の位置を変えれば、それは消えたのではなく、隠され蔽われたために眼に光の束が届かなくなっただけだということがわかります。つまり円柱が回転するにつれ、その遮蔽縁において自分自身の表面の肌理が蔽われ見えなくなるのです。

四角柱が回転するときは様相がだいぶ違います。ですが、遮蔽縁で起きることは変わりません。四角柱などのとがった角を持っている対象もまた、遮蔽縁で自分自身を覆い隠すという意味では同じことが起きています。円柱との違いは、円柱が「だんだん変化して見えなくなる」のに対し、四角柱では「限界まで小さくなり、遮蔽縁と面が平行になったとき、突然全ての肌理が隠れて見えなくなる」ということです。

円柱と四角柱の違いは道路を移動

129

第5章 見えそうで見えないあの人の姿

しているときにも発見できます。前ページの写真のようにとがった角では遮蔽縁を過ぎると突然見え方が劇的に変化し、見えなかった部分が覆いをはずされて現れ、見えていた部分が蔽われ隠れて見えなくなるのです。道路の交差点や角で見ることができます。

一方、右のようにとがった角のないカーブの時、遮蔽縁に隠されていた向こう側はカーブに沿って曲がっていくうちにだんだんと覆いが剥がれていき見えてくるようになります。その逆も然りで、カーブを通り過ぎながら後ろを見ると、だんだんと道の縁に隠され道が見えなくなっていきます。このような遮蔽のされ方も自己遮蔽です。

この自己遮蔽を利用して、絵に描いた平らな身体に立体感を付けることができます。それが、「ふり向き」です。

もう一度、諾子が振り返るシーンを見てみましょう[カラー口絵❼]。

ヒトの身体は、衣服が角張っているなど特殊な場合を除いて、角のないという意味では

円柱に近い対象です。ですから、人物がふり向いていく過程での表面の肌理の変化は、円柱のそれによく似ています。

　セルルックのアニメーションでふり向きを表現する場合、線画の変化だけで身体の形を描かなければならないため、十分な観察力と描写力、キャラクターを描き出す技量などが要求されるでしょう。逆に、それができれば、平面的な絵を用いているアニメーションでも肉感やカタマリ感、手触りなどを表現できます。

　ここの諾子の動きにしてもそうです。最初背を向けていた諾子は、画面の後ろにいる誰かを見ようと全身を回してふり向いています。

　何かに気付いてはっとしてふり向くときは目が先に動く傾向がある、ということには先人の作り手が気付いており、眼から動くのがふり向きの鉄則とも言えるような状態でした。しかし私は、何かに気付いて見ようとするという意図を持ったふり向きと、背後で話している誰かに話しかけようとするときのふり向きは違うのではないかと考えています。

　この場面のように、背後にいる誰かと話そうとするときの振り向きは、まず肩がこちらを見るために回り始め、次に目が動いて彼女の背後にいる人物を見て、最終的に表情を見せつつ肩が4分の1周くらいすることでふり向きます。こうするとき、諾子のふっくらとした頬や髪の毛の質といった肉体的「実在感」と、ふり向く人物の状況、心の状態などを全て盛り込むことができます。そしてそれをうまく描き出し情報を埋め込むことができると、非常に魅力的な場面ができあがります。

　もし諾子が平面だったなら、ヒトではあり得ない表面の形と肌理の変化を起こします。次ページの図版を御覧下さい。あり得ない変形ですが、カメラで撮影しようと思えばできなくはありません。ただ、奇妙を通り越して笑ってしまうようなものができます。

　ヒトの身体の形や様子を表している人形でこれをやってみると、何となくふり向いているような一連の写真を撮影できます。実際の人のふり向きを撮影して立体感や肉感をとらえて撮影できるような一連の画を作ることができれば、平面にしかならないはずの2次元の写真で撮影した人物にすら身体の

第 5 章　見えそうで見えないあの人の姿

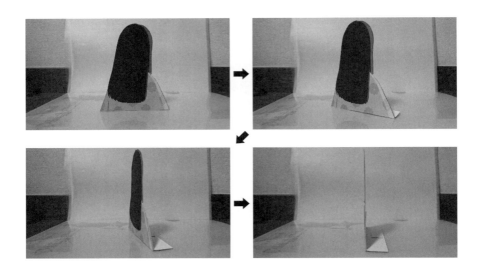

様子や形を発見できるでしょう。

　ふり向きには逆のパターンもあります。こちらを見ていた人物が自分の背後方向に向かって移動しようとするとき、くるりと後ろを向き去っていくような場面もあります。この場合は、こちらを見ている瞳がこちらをしばらく見ながら身体が後ろへ向いていくようになります。これもまた実に魅力的な絵ができあがります。

　ふり向きはそれだけでも実に魅力的な動きです。見えなかった顔が見えるとき、ふり向く人物の表情、造作、意図を描くことができます。逆に顔を隠そうとしてそっぽを向く絵も作れます。そっぽを向いて顔を隠したり、視線をこちらに残したまま向こうを向いていくときの魅力は、実に素晴らしいものがあります。

　これを支えているのが、自己遮蔽という包囲光配列の変化の仕方と遮蔽縁付近での肌理の変化を描くことなのです。

③ アニメーションで作られ利用される遮蔽、遮蔽縁、自己遮蔽

　私たちは環境中の対象の散らばり方、奥行き、配置といった情報を、遮り蔽う対象または遮られ蔽われる対象の表面の肌理が作る包囲光配列を視覚で

とらえることによって、環境中の対象の配置を知覚できるのです。遮蔽、遮蔽縁、自己遮蔽といった事象が、それを支えています。さらに、環境中で見えている対象が自分に対して動くときや観察している私たちが動くとき、遮蔽縁において包囲光配列の変化が起きます。このとき遮蔽される側の表面の肌理から来る包囲光配列は遮蔽縁で崩壊し、遮蔽する側の対象表面から来る包囲光配列は保存されます。

　この、表面の肌理の、そしてそこから来る包囲光配列の隣接順序構造の保存と崩壊を情報として拾い上げることができると、そこに遮蔽があり、どちらの対象が近くにあるのかなどの、環境中の対象の配置を私たちは知覚できるのです。

　自己遮蔽は、対象それ自身の縁が自分の現れていない側を隠しており、今この場所からは見えない表面があることを教えてくれます。そして平面的な絵で作られているアニメーションでは、背中を見せている人物がふり向いて顔を見せるときその人物の顔が見える、というだけでなく、その人物の意図や感情を描くこともできるのです。

　逆に、平面的な絵で描かれたアニメーションにおいて、これまで私たちの方を向いていた人物が向こう側へと振り返るときの視線の作り方で、ふり向き同様にその人物の意図や感情を感じられる絵を作ることもできます。

　環境中の対象の位置を見て取ることができるということは、視覚によって私たちは遠近感もとらえることができることを意味しています。この遠近感は人工の遠近感とは異なるものです。「透視法」などの「パース」やコンピューターで計算によって人工的に作られた遠近感は、絵の描き方に都合が良いように作られており、私たちが環境中の対象の配置をとらえる方法に沿って作られているわけではないのです。

ビブリー考──『キラキラ☆プリキュアアラモード』の中にいる「更生した青年女子」

　2017年のプリキュアシリーズ『キラキラ☆プリキュアアラモード』には、かなり興味を引かれる人物がいます。ビブリーという、20代前半と設定された、もとは敵の幹部としてプリキュアを苦しめた「青年女子」です。一人前の「女性」とは言い難く、かといって思春期にあるわけでもないので、青年女子という呼び方をしています。

　『プリキュア』シリーズでは、敵から救い出され寝返った少女がプリキュアに変身して戦いに参加する、というパターンが何例かあるようで、そのためか、ビブリーのファンからは「ビブリーをプリキュアに」といったつぶやきを、Twitterに見かけるようになりました。

　しかし、わたしとしては、彼女には変身して欲しくないのです。それは、彼女が非常に興味深いキャラクターとして描かれているためです。

　ビブリーは「正義の主人公としてのプリキュアの仲間たち」とたまに行動を共にする、くらいのかたちで物語に登場しています。自らを「スイーツで餌付けされた」と、屈折した言い訳をしたり、敵の幹部に対して「オレが、オレがと言っているだけのただの負け犬じゃないのよ」などと挑発的な言葉を投げつけたりなど、味方として戦いつつ、敵幹部だった頃の性格や言動のまま主人公たちを支えるという、かなり珍しい登場人物になっているのです。

　その「性格の変わらなさ」「素直でない言動」のある種の「実直さ」が、主人公たちよりも少しだけ年上という立場にある女性未満の青年女子として、好ましく思えるのです。

　彼女は元から実直で素直でした。その本質はそのままに、敵の立場から主人公たちの立場に寝返ったのです。そのため、プリキュアの弱点も、敵の屈折もわかってしまう、希有な存在となりました。

　彼女は主人公たちが守っている妖精たちに、「プリキュアは弱点だらけだ」

と毒づきます。「愛だの友情だのを守って戦っているあんたらは、それだけで弱点がある」と喝破します。そして「悪の連中は手段を選ばない。勝つためなら何でもやる」と、敵の性質を口にします。そして、自分が主人公たちの側に立ってしまっていることを「餌付けされた」と毒づき、自虐しつつ、それでも妖精たちを守るために、自分が持っている超人的な能力を使うのです。

　彼女は周囲に守られながら「闇」から抜け出したのではなく、プリキュアたちの優しさに触れ、その結果、ほぼ自力で立ち直った「更生した青年女子」として描かれることになりました。彼女は自分が何をしてきたかを自覚しているのですが、そのことをあっけらかんと受け入れています。この開き直りからは、思い悩む思春期のものではなく、その頃に暴れた経験をサラッと流しているような、過去は変えられないし罪が消えるわけではないことを知っていながら、そのまま生きていくのだと決意しているような、悟っているような感じを受けます。

　むしろ、それくらいの開き直りがあればこそ、守る戦いを強いられるプリキュアの弱点を指摘でき、とどのつまり個人的な恨みを晴らしたいだけの敵幹部に向かって吠えるのです。

　プリキュアを見ている「小さなおともだち」の目には、ビブリーはどのような人物として映っているのでしょう。「小さなおともだち」の親たちは、ビブリーを見て何を思うでしょう。それを考えるだけでも、ビブリーという登場人物は、とても面白い存在です。

　私は、ビブリーには正義のヒロインではない視点を持った、ひねくれた性格のままに「闇の勢力」と戦う登場人物でいて欲しいのです。だから、わたしは彼女には変身して欲しくないのです。「更生した青年女子」として、戦いを斜めから眺めながら、ひょうひょうと生きていって欲しいと願うのです。「更生した青年女子」としてのビブリーが、子どもを育てる。あるいは、学校の先生となって思春期の少年たちを教える。そんな姿を見てみたいのです。

　決して「いい子」とは称することができないビブリーのような青年女子であっても、邪な者と戦う資格は十分にあるのだと、彼女を見ている大人たちにも、「小さなおともだち」にも、訴えたいのです。

第6章 遠くにいてもあの人の姿ならわかる

▶▶▶ **描かれるものの立体感と、見える場所の広がり**

セルルックのアニメーションでは、作り手が、セル画による「動く対象の作画」と、画用紙に絵の具で描く「背景」を、遮蔽関係に従って重ね、映写用のカメラで様々な撮影技法を駆使しつつ「撮影」することで、遠近感を出しにくい平面的な絵に「奥行き感」を作っていました。

ここが、実際の3次元的な立体感を作ることができる描画ソフトを用いて作成する「フォトリアル」なCGアニメとの、決定的な違いです。

現在では、3次元的な「奥行き」を、コンピューター内に、立体に見えるようにするように絵を作っていく方法ができています。しかし、ここに大きな落とし穴があるのです。ここで使われる、ソフトウェア内で立体に見えるように絵を描くときに使われる「遠近法」が、実は間違っているのです。このことに気付いているか否かで、3DCGアニメが本当の立体感を得られるかどうかが決まってきます。

1）不思議な知覚——正方形？ ひしゃげている？

1 頑固な知覚

第5章で、私はサンプルとなる市松模様を貼り付けた円柱を作りました。そしてそれを手に持ち、出来映えを見て、愕然としました。

私の視覚は、円柱に貼り付けられた正方形が、どのようなアングルにしても、どこから見ても、正方形だと見て取ってしまったのです。

どんなに、市松模様の肌理の形が圧縮されて長方形にひしゃげているぞ、と、理屈で知覚を説得してみても、意味がありませんでした。私の手—眼—脳の

知覚システムは、頑として「ここに見えているのは正方形である」と主張しているかのように、私には正方形にしか見えなかったのです。

　それは四角柱でも同じでした。手に持って見て、いくら「肌理の見え方によっては正方形には見えなくなる」と、頭の中で唱えても、自分に声で言い聞かせても、どうあっても、圧縮されて長方形になっているようには見ることはできず、「これは正方形だ」としか知覚できませんでした。

　自分の知覚が、ここまで頑固に市松模様を正方形だと見てしまうほどのものだとは思いもしませんでした。

　ところが、これを写真に撮ってみると、その写真を見た私は「あ、ひしゃげた四角形だ」ということに気付いてしまったのです。円柱のまわる様子や四角柱がまわる様子を1コマずつ少しずつずらし、アニメーションを作るよう撮影してみると、立体ではなく、ぺったんこな何かに見えてしまいました。

　さらに驚いたことには、自分で作ったものを、手に持たずに眺めているうちに、「ヘリに行くにつれて、市松模様がひしゃげている」というように見え始めたのです。ただし、それでも、「そこにある肌理は正方形になっている」という知覚は修正されませんでした。見かけはひしゃげている、しかしそれは間違いなく正方形である、という、2つの知覚が同居する状態になったのです。何かを学習したのか、それとも何かが知覚に起こったのか、その両方なのか、そのあたりはわかりません。

　手に取ったということが何らかの知覚への影響を及ぼしているかもしれません。また、じっと眺めると遠近感がおかしくなり始め、さらに知覚が精緻化されて変化したために起きたことかもしれません。

2 同時にいくつもの情報を捉える知覚

　さて、ここで考えなければならないのは、実物と写真で、一体何が違うのかということです。何かが違うから、私の知覚システムは、手で持てる円柱の市松模様は「全て正方形でできている」と知覚し、写真に写った円柱の市松模様は「端にいくほどひしゃげている」と知覚してしまったのです。そして、ずっと見続けているうちに、「ひしゃげた四角形」と「市松模様の正方形」

の同居したとき、私の知覚に何かが起きたのでしょう。

　この、不可解にも思える、いくつもの情報を捉える知覚は、錯覚でもないし勘違いでもない、ということを生態心理学は語るのです。

　私は、この表面にある模様の不変項を見て、それを取り出したのです。正方形の肌理が持っている不変項をピックアップしたので、「この表面にある四角形は正方形だ」と知覚したのです。

　この不思議な、知覚の失敗、あるいは錯覚と言いたくなるような見え方には、私たちの知覚システム、ことに不変項と遠近感についての情報の拾い上げ方が関わってきます。

2）知覚の精緻化──知覚を「鍛える」ということ

1 知覚は鍛えると精確で緻密になる

　視覚は練習すると上達します。上達するといっても、無いものが在るように見えるというような大それたことではありません。これまで拾うことができなかった細かな表面の肌理の違いや、とらえられなかった不変項が、知覚を繰り返していくことにより、きめ細かい情報を拾い上げることができるようになり、より詳しい情報を知覚できるようになる、というのです。

　このことは、視覚に限った話ではありません。聴覚、嗅覚、味覚、触覚と、五感の全ての知覚は、詳しく精密で正確な情報を得ようとして繰り返していると、より細かな情報を拾えるようになっていきます。

　ギブソンはこれを「知覚の精緻化」と呼んでいます。

　皆さんにも、時間をかけて人と接したり、赤ちゃんを世話し抱っこしていると、だんだん色々なことを感じられるように、聞き分けられるように、見分けられるようになっていく、という経験があるでしょう。

　スポーツで、練習することで身体の使い方がまさに「身に付いて」いくように、知覚もまた練習することで、正確で緻密なものが「身に付いていく」のです。

　生態心理学から考えると、このとき起こっているのは、私たちが対象から

得る情報が多くなり、微細な構造や変化の仕方までも知覚できるようになっており、詳細な情報を取り出すことができるように変化している、ということです。これを、ギブソンは「知覚の精緻化」と呼ぶのです。

② 知覚の精緻化とアニメーション

アニメーションの話で言えば、それまで動いているようにしか見えなかったものが、何枚かの絵の連続によって表現されていることがわかるようになったり、1枚ずつのコマでアニメーションを構成する1コマ1コマがどのようになっているかを見ることができるようになったりする、ということです。

これが見えるようになると、アニメの不思議な性質も見えてくるでしょう。動いていることもわかるのに、1枚1枚の絵も見える、二重の知覚が成立するようになってくるのです。

もちろんこれは「もっと細かく見よう」「1枚1枚の絵を見よう」とすることで見えるようになることであり、ただ漫然とアニメーションで作られている情報を知覚しているだけではわからないことです。知覚は「もっと見る」「もっと聴く」「もっと触る」ことで鍛えられて、精緻になっていくものです。

3）その遠近法は間違っている——人工遠近法と3DCGと知覚に沿った遠近感

① 遠近と3次元的な形を結ぶ不変項構造と、絵に描くときに使われる遠近法構造

本章の第1節①「頑固な知覚」で紹介した、私のちょっと不可思議な体験について、生態心理学では非常に重要な遠近の知覚に関わる話をしましょう。

まず、右の写真を見てください。この円柱の模様、どのように見えますでしょうか。

これは、円柱に市松模様の

紙を貼り付けたものです。市松模様とは、正方形が互い違いに交代しながら並んでいる模様です。表面の肌理を単純化して語るには、もってこいの模様です。

さて、これを自分で作ってみて、自分の手に取り、円柱の側面を見てみましょう。このとき、正方形が並んでいるのがわかる方もいらっしゃるかと思います。私の場合、円柱の側面に写っているのに、正方形にしか見えませんでした。実際には、円柱の側面の正方形は以下のようにゆがんだ形になっています。

円柱の側面の正方形は、円柱の遮蔽縁に近くなればなるほど細くゆがんでいきます。もし私たちが、肌理の構造だけを見るのであれば、これらを見て「正方形が並んでいる」とは知覚しないでしょう。しかし、もし、これが実際に環境中にある円柱（あるいは円柱に近い対象）であり、自分の手に取ることができるのなら、私たちはこれを「円柱ではない別の形をした対象」であると見ることはできません。触覚など他の知覚器官で拾い上げる情報を捨てないのなら、これは間違いなく円柱なの

です。この対象のカタマリとしての形が円柱のようなものであるなら、その性質はすでにこの対象に埋め込まれている情報です。そして、市松模様の見え方は、単に遮蔽縁に近づくにつれゆがんでいく四角形が並んでいる、というのではなく、円柱の側面であるという知覚情報と合わさり、「円柱の側面に正方形が互い違いに並んでいる」という情報を、すなわち、この対象を知覚するのに必要不可欠な性質を知覚します。

2 人工遠近法が捨てる情報

　市松模様の円柱を「正しく」絵に描くとき、「この対象が円柱であり、私たちはそれを側面から見ている」という情報を「正しく」描く方法はありません。そこで、「もっともらしい」円柱を描く方法を使います。このときはじめてこの円柱の見かけの形を絵にすることができ、様々な工夫を重ねることによって、円柱の側面を描くことが可能となります。しかし、それは知覚情報としては全く不完全なのです。円柱という対象に埋め込まれているたくさんの特徴的な性質を、私たちが自分自身の眼、耳、手で知覚しているときに拾い上げられる情報や、それを回したときに現れる市松模様の見かけの変形といった、その対象についての重要な情報が欠けているのです。

　確かに、絵にするときには、これらの情報は邪魔なのでしょう。このとき必要なものは、円柱の側面の見かけの形状だけで、この対象が円柱であるという不変項は描かれない、描くことができない性質、情報なのです。

　このように、不変項によってわかる、環境の中にいる私たちの視覚が使っている遠近の情報に基づいた情報によって作られている、遠近感の基本になっている構造を、ギブソンは「invariant structure」＝「不変項構造」と呼んだのです。そして、環境中の配置の遠近によってできている見かけの形で作られる遠近構造については、「perspective structure」＝「遠近法構造」と呼び、不変項をとらえる環境中の対象の配置とそれに付随する遠近構造をとらえる知覚とは、区別したのです（参考文献〔1〕pp.73–75）。

　遠近法構造を用いれば、確かに、絵の中にそれらしい対象を描くことができますし、それにさらにもっともらしい情報を付け加えるように描き込んでいくことによって、対象を描くことができます。しかし、それはあくまで、平面に描いた対象の見かけの構造なのであり、私たちが環境中で知覚している遠近構造とは異なるのです。普段の私たちは、不変項構造を見ているのです。

　私たちは普段から不変項構造を見ているのですから、人工的に後から作られた遠近法に則った遠近の作り方だけで絵を描こうとすると、どうしても不自然になるのです。そのことに多くの絵描きは気付いていたのではないでしょうか。だからこそ、様々な絵について遠近の作り方を調べてみると、歪んで

いることが案外あるのです。その歪みは、絵描きの目が狂っていたからできてしまったのでは決してありません。ゴッホの「寝室の絵」のような絵の歪みは、彼らが何とかして自分の見ている情報全てをキャンバスに描こうとしていた、ということの表れではないでしょうか［カラー口絵❿］。

　私たちが環境を見ているときの、環境中の対象の配置を感じさせる情報、性質と、平面であるキャンバスに描くことができる見かけの形は異なるものですから、どうしても同じにはならないのです。

　むしろ、現在流布している3DCGの遠近感の方に無理があるのです。

　私たちの遠近を特定するための情報、性質と、それをピックアップする知覚は、カメラで写したようにも、3DCGのアプリケーションソフトに設定されているようにも、なっていません。

　人工的な遠近感を多少ゆがめてでも不変項構造を描くこと。これによって、絵は生き生きと息づくのです。

　だから、普段から(人工)遠近法こそ遠近感の要だと信じているのならば、それは間違っていると言わざるを得ません。私たちの眼がおかしいのではないし、まして、私たちは歪んだ世界を見ているのでも決してありません。遠近法が間違っているのです。見たままを描くというのは、それだけ難しいことであり、同時に非常に楽しいことでもあるのです。

　中でもアニメーションは、対象を動かすことができる表現方法です。だからこそ、遠近法に頼らず円柱や四角柱を描くことすら可能なのです。

③ アニメーションを作るときのパースの役割〜カメラとレンズと配置と「レイアウト」〜

　環境内の遠近について、人工的な遠近法が間違っていること、不変項構造こそが私たちの遠近の知覚にふさわしいことを前項で述べましたが、そうかと言って、人工の遠近法構造が全く役に立たないものだ、ということではありません。人工遠近法は特に、「映画用のフィルムに撮影する、映画用のカメラ」で環境中の対象の配置をとらえ描くときに、力を発揮します。

　カラー口絵⓫を御覧下さい。この絵のように、遠近法構造を画面に描くときに設定されるのが「レイアウト」です。ここでなぜ「レイアウト」と括弧

▶▶▶ 描かれるものの立体感と、見える場所の広がり

書きにしているのかというと、私たちが棲む環境中の対象の配置のことを、ギブソンが「layout」と呼んだためです。アニメーションの画面設計において作られる、地面およびそこにくっついて離れない多くの対象や、遠近法のガイドラインに沿った背景、画面内で動く対象の配置もレイアウトと呼ばれるため、この本ではアニメーションの画面設計で作られる絵の構造については「レイアウト」と書き、実際に私たちが暮らしている環境中に散らばっている様々な対象のlayoutについては配置と呼び、区別しています。

　この絵では、画面の左端、上下の辺では真ん中あたりに「消失点」を置き、そこを中心に遠近構造を作るためのガイド、パースと呼ばれる構造の基礎を作り、それに合わせて背景の建物群や街灯、架線を描き、この絵の中を動き回る人物の大きさもそのガイドに従って大きさを決め、遠近感と対象の配置を作っています。

　私たちの視覚は、カメラで写すようにはなっていない、という話は、前項でした通りです。様々な映像作品やアニメーションの「レイアウト」作成は、私たちの実際の視覚とは異なっていることを前提にしても、人工的な遠近法構造に基づく画面設計を行うことであり、その結果、私たちが受け入れやすい遠近感や対象の配置を作ることができます。

　このとき重要なこととして挙げられるのは、この遠近感はカメラで風景を撮影したときの遠近の作り方を参照している、ということでしょう。そのため、アニメーションの作成のときの1つの要素として、仮想のカメラのレンズ選択が大きな意味を持ってきます。この仮想のカメラに装着されるレンズについて、実際の一眼レフカメラなどのレンズに当てはめながら画面の作り方を考えると、以下のようなことが言えるでしょう。

　広い範囲をとらえ、遠くまでピントが合っている写真を撮ることができるレンズが「広角レンズ」「超広角レンズ」です。

　特定の部分にだけ焦点が合い、その前後では対象がボケるように撮影できるレンズは「ポートレート用のレンズ」であることが多いです。

　特に遠い対象を近くに引き寄せるように大写しにできるレンズが「望遠レンズ」です。

遠近の撮影は、超広角レンズ＞広角レンズ＞標準レンズ＞ポートレート用レンズ＞望遠レンズの順で遠近感がなくなっていきます。画面の中にある対象のうち、特定のものだけに焦点を当てようとするときには、この順序とは逆の順序で「写したい対象だけを写す」ことが出来るようになっていきます。

　その他、様々な表現をしたいという要請に応えるように、様々な特性を持ったレンズがラインアップされています。

　このように、カメラで撮影するときのような画面設計をするとき、カメラのレンズの特性とはどんなものなのかを身につけておく必要があります。知識として知っているだけではなく、実際に画面を設計するときに、自分の手と目で作り出せるよう、パースの取り方を身につけておく必要があります。

　しかし、繰り返しますが、この遠近の付け方が、遠近を実際の遠近感に近いものを作れる人工遠近法であったとしても、私たちの視覚はこのようになっていないのです。そのことを忘れずに、様々な環境の描き方を身につけておくと、様々な遠近を感じさせる絵を描くことができるでしょう。アニメーションで遠近を作るときも、遠近感表現によく用いられる透視法に従うパースを作る方法こそが正解というわけではなく、その他の遠近の作り方がまだまだあるでしょう。それらを使いこなせるようになっていると、表現の幅はとても大きく広がることは間違いありません。

4）遠近法と立体感の作り方の技――観察点の位置とカメラワーク

　ここでは、アニメーションで用いられる様々なカメラワークと、生態学的視覚論における観察点の移動の関係について述べます。カメラワークは、ペッタンコなディスプレイやスクリーンにいかにして奥行きを感じさせるか、また、対象をカタマリとして感じさせるか、という表現の追求に、大きく関わります。特に、カメラが移動するとき、生態光学で言えば観察点が移動するときの見え方を作ることによって、環境の広がり、環境内の対象の配置などを知覚できる情報を作ることができます。

それぞれのカメラワークの作り方や、それらを使ったときの観る者に与える効果については、アニメーションを実際に制作しておられる専門家、先生方にその作り方、使い方を教えてもらうのが一番です。ここでは、そういったカメラワークが、実際の環境における視覚や、生態光学における意味、そこにある知覚情報について詳しく述べます。この項目で、アニメーション制作におけるカメラワークによってどのような視覚情報を描いているのか、ということについて知り、自覚的にそれを用意することができるようになれば、さらにアニメーションに説得力を持たせることができるようになるでしょう(参考文献〔5〕pp.419–432)。

1 眼の位置を変えながら環境を見ること〜観察点の移動と対象の存在感〜

　観察点の移動は、動物の視覚を考えるとき非常に重要です。

　私たちは環境を探索し動き回ることによって、自分の行動範囲を広げたり、自分がいる位置を知覚したりできるのです。そして、観察点の移動の道のりをたどることによって、移動中に通った全ての観察点に集まる全ての包囲光とその配列を、視覚でとらえた情報として用いることができます。このことにより、私たちは環境に「居つく(orient)」ことができます。自分が選んだ居心地のよい巣や縄張りなどの「自分が居やすい環境」に居つくと、私たちは、自分が暮らしている拠点としての「自分が居ついている環境」が持つ全ての場所における視覚情報を、その場所に居る限り、いつでもどこでも用いることができるようになります。

　このことについて、ギブソンは「It is being everywhere at once」、訳せば「(自分が居ついている環境の)全ての場所に同時にいる」と記述しています(参考文献〔1〕pp.198–199)。これは、自分自身の身体が環境全体を占めるようになった、ということではありません。観察する眼を持つ動物が環境に遍在している(omnipresence)ということでもありません。自分が拠点とする環境中の全ての場所を動き回り、観察し、包囲光配列をとらえることにより、いつでもどこでもすべての場所に行くことができ、いつでもどこからでも元の位置に戻ることができる、ということです。「自分が暮らしている拠点としての『自

分が居ついている環境』に関する全ての視覚情報を、居ついた環境内にいることが知覚できるなら、いつでもどこでも利用できる」ということそのものを、「あらゆる場所にいる」と記述したのです。

　アニメーションでこのことを特に取り上げる、ということはあまりありませんが、それでも1つ言えることがあります。それは、作ろうとしているアニメーションの舞台についてその場所の地図を作ることが、環境そのもの、ひいては登場人物やその周りにある対象の「まるでそこに本当にいる(在る)感じ」、すなわち実在感をより強く表現できる、ということです。登場人物たちが自分たちが「居ついている」環境を作り、そこを勝手知ったる場所として思いのままに移動できるとき、その環境は登場人物たちにとって特別な意味を持ち、いつでもどこにでも行ける場所になります。そして、彼らが「居ついていない」環境に入り込んでしまうと、途端に自分のいる場所がわからなくなり、もはやそこはその登場人物にとって見知らぬ場所となり、道に迷ってしまうのです。このことをきちんと追求しつつ描き出すと、環境の実在感と登場人物の実在感を同時に強めて描くことができます。

　アニメーション作品には、モデルとなった場所や実在する場所を舞台に物語が展開することがあります。このような場所を「聖地」と呼んで親しむ文化があります。例を挙げると、『この世界の片隅に』は、主に昭和18年〜19年の広島県呉市を舞台に話が展開します。『響け！ユーフォニアム』シリーズは、京都府宇治市が舞台になっています。『聲の形』では、登場人物達が暮らしているのは「水門市」という架空の場所ですが、そのモデルは岐阜県大垣市で、実在するスポットがいくつもあります。登場人物達は舞台となったその場所に居ついているので、物語と場所が密接に結びつき、観客は作品に強く引き込まれるのです。『この世界の片隅に』では、主人公は最初のうちは不案内でしたが、時間が経つにつれて呉市に居ついていくのです。

　たとえ架空の場所であるとしても、家の中で起こることだけでアニメーションを作りたいのなら、その部屋や家の構造を、外に広がる環境の中での出来事を描くのなら、その環境の地図を準備することによって、その架空の場所があたかも実在するかのような情報を描き出すことができます。もし、ストー

リーや登場人物の移動をアニメーションの中で描くのなら、そこの地図を作っておくことは、あたかも本当にその環境にいる感じを作ることにつながります。

2 観察点が移動するとき

　観察点、アニメーションで言えば撮影している架空のカメラが環境中を移動するとき、必ず起こるのがオプティカルフロー（光学的流動）です。環境を見ている私たちの眼が身体の動きに伴って移動するとき、その動きに従って自分の周囲の全ての光の束が流れます。つまり、観察点の移動によって観察している全ての包囲光が流れ、必ずオプティカルフローができるのです。逆に言えば、オプティカルフローが起きているとき、私たちは私たち自身が動いているか、何者か（乗り物だとしても）によって運ばれていることを知覚します。

　このように、観察点が移動するとき、それがどのようなカメラワークによって表すことができるのか、ということについて説明していきます。

　このようなカメラワークの実際の作り方については、実際にアニメーションを制作している方の話が最も役に立つでしょう。ですから、ここでは特に生態心理学におけるそのカメラワークの意味や知覚情報について考えて行きます。

(i) 移動／Follow／まわり込み

　アニメーションで移動する場面を描くとき、もし、横方向に移動する対象をカメラでとらえ追っていくなら、このときのオプティカルフローは進行方向とは反対の方向へと流れていきます。このとき、観察点からの距離に従って、対象の位置の変わり方が違います。近くにある対象ほど移動にともなって大きく位置を変え、遠くになるに従って対象の位置の変化は小さくなります。ですからもし、セルルックのいくつものレイヤーを駆使して対象の位置の変化を描く、つまり包囲光配列の変化を描くなら、近景ほど大きく変化させ、遠景ほど小さく変化させます。このとき厳密には、綿密な計算を行わなければなりません。しかしこの方法は、計算になれていなければ非常に難しいことになります。厳密な計算をせ

ずに作る方法としては、実際に作ってみて、不自然な位置関係が見えてくることがないように包囲光配列の流れの変化を作る、という方法があります。これにより、観察点が移動していること、そして環境の中で観察点と対象との位置関係が変化すること、さらに、環境の中に散らばっている対象の位置が動かないことを画面に作り出します。もし、観察点が移動する中で写している環境中の対象が動いている場合は、その動きに不自然さが起こらないように、対象の位置の変化と観察点の移動との関係と、それによってできるオプティカルフローを描く必要があります。CGを用いてこのような画面を作るときには、この計算をアプリケーションが代わって計算してくれることもあります。

　このような撮影方法は「移動撮影」あるいは単に「移動」などと呼ばれます。

　この動画をスマートフォンやタブレットのカメラで撮影するのは、それほど難しくありません。カメラのレンズの位置を確認し、そこを観察点と考えて、なるべくブレずに自分が動きたい方向へ動けば撮影できます。

　この「移動撮影」の中でも、特定の動く対象が水平方向に移動していくのを追いかけるようにして横側から撮影し続けるとき、このようなカメラワークは主に「Follow」と呼ばれます。このとき、追いかけている

カメラを動かすカメラワークその1、移動

▶▶▶ 描かれるものの立体感と、見える場所の広がり

　対象がどのくらいの速さで移動しているか、そして、近景と遠景の位置関係の変化はどれほどか、近景と遠景のレイヤーを組むときにはその組み方と変化のさせ方をどうするか、といった画面作りの重要な視覚情報を、不自然にならないように作る必要があります。このとき、追いかけている対象の手前にも対象があって画面に映ることもあるので、その対象と観察点の位置関係の変化も違和感なく作る必要があります。このときでも厳密にはきちんとした計算が必要です。CGで描いている場合には、このときもアプリケーションが計算をしてくれることもあります。

　これをスマートフォンなどのカメラで撮影するのは案外難しいかもしれません。私が採用した方法は、カメラのレンズを自分に向け、腕を伸ばし、レンズで自分の姿とその後ろにある対象を撮影しながら、カメラを揺らさないようにして撮影する、というものでした。カメラを水平に保つのがなかなか難しく、この例でも傾いていることがわかるでしょう。それでも、自分の姿を最も近い対象物として画面上では動かないようにして、その背景にある対象が環境中での配置を反映するように移動するのを撮影できます。さらに、カメラを固定することで自分の頭部が規則的に上下しているのを撮影することができるので、歩いていることを知覚できるようにすることができます。

カメラを動かすカメラワークその2、Follow

第 6 章 遠くにいてもあの人の姿ならわかる

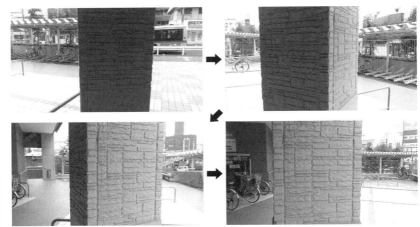

カメラを動かすカメラワークその 3、まわり込み

　特定の対象に対して、カメラの方が円運動をしつつ、同じ対象を撮り続けるという撮影方法もあります。「まわり込み」などと呼ばれる画面作りです。

　1 つの同じ対象をぐるりと回りながら撮影するため、その特定の対象の表面は観察点の移動にともなって自己遮蔽を起こし、カメラの回る方向、撮影している自分が動いていく方向とは反対方向に対象表面の肌理が動き、遮蔽縁で蔽われたり現れたりという肌理の配列の変化を起こします。その後ろ側に広がるオプティカルフローもまた、カメラの回り込んでいく方向とは逆方向へと流れていきます。

　この方法を用いると、平面的なディスプレイや絵において、立体の姿形のあるカタマリとして対象を描き出し形を知覚させる情報を埋め込むことができ、ひいては登場人物などの姿形を表すことができます。

　これを撮影するのもなかなか難しいです。特に 1 人で撮影するのが難しいでしょう。というのは、このようにぐるりとその周りを 1 周できる対象を見つけなければなりません。そして、観察点の位置、カメラのレンズの位置を揺らさずに、その対象を撮影しながら 1 周して撮影します。2 人 1 組になり、一方がもう 1 人の身体をぐるりと回って撮影するのがよいでしょう。

(ii) トラックアップ／トラックバック

次に、「トラックアップ」「トラックバック」と主に呼ばれるカメラワークについて、生態心理学の話に引き寄せつつ説明します。

撮影方法は非常に簡単です。トラックアップを撮影するときは、カメラを構えたまままっすぐ前に移動して対象との距離を縮めればよいのです。すると、観察点の移動によって目的の対象との距離が近くなりますから、その対象の画面内での大きさがぐいぐいと大きくなります。このとき忘れてはならないのは、対象表面の肌理は単に大きくなっていくだけではなく、より詳細に、それまで見えなかったような小さな肌理の構造が知覚できるようになるということです。この点が、対象に近づかずにカメラのレンズを望遠レンズへと変えていく「ズームイン」との決定的な違いの1つです。また、対象の表面の肌理の見え方が変わるだけでなく、周囲にある環境中の対象と観察点の位置関係が変化するので、オプティカルフローが起き、観察点の移動が知覚できます。ズームインではこのようなことは起きません。観察点は固定されたまま、画面内の対象がただ拡大されるだけになり、オプティカルフローは起こりません。このこともまた、トラックアップとズームアップの決定的な違いです。これらの違いは無視できません。

➡はトラックアップ／⇨はトラックバック

第 6 章　遠くにいてもあの人の姿ならわかる

　トラックアップをズームインで代用できることもあります。しかし、これら 2 つの違いがわかってしまうとき、また、画面作りに明白な意図がある場合には、どちらを使うかは自ずと決まります。

　例えば、観察者が対象に近づくことを、観察者の目から見えている環境をとらえて描く（「1 人称視点」）のなら、ズームでは代用できません。逆に、観察点の移動無しに画面を拡大することこそに意味を持たせるなら、ズームを選択しなければなりません。

　トラックバックは、トラックアップとは逆に、特定の対象をとらえつつ後ろへと観察点を移動させるものです。このときも、対象と観察点との位置関係の変化や、肌理の見え方の変化が起こります。この変化は「トラックアップ」と「ズームイン」の違いと同様に、「ズームアウト」では起こりません。ここに「トラックバック」と「ズームアウト」の決定的な違いが現れます。

(iii) クレーンアップ／クレーンダウン

　ここまで、観察点の移動にともなう包囲光配列の変化を描くと言いつつ、それらの移動方向は全て水平方向の移動でした。クレーンアップ、クレーンダウンというカメラワークは、カメラ、つまり観察点が上下方向へ移動するときの包囲光配列の変化をつかまえ、表します。クレーンアップは観察点が上、つまり重力が働いている方向の逆方向への観察点移動を作るときに使われます。

　クレーンダウンでは、ここに示した画像のような順番で並んでいる写真を、逆の順序でたどることで作ることができます。

　クレーンアップ、クレーンダウンを画面作りに使うとき、多くの場合、TiltあるいはP.D（パンダウン）と言われる、カメラの向く方向を傾けるカメラワークを併用することが多いようです。ここに提示した例でも、4 枚目の画像は少し下側にカメラが傾けられています。

　クレーンアップ、クレーンダウンの面白さは、カメラが上下方向に移動することにより、蔽いが外れてその後ろに隠れていた環境や対象から

来る光の配列が顕わになることにあると言えます。水平方向への移動でも起こることはありますが、垂直方向への観察点移動によって起こる遮蔽関係の変化と、それにともなう包囲光配列の変化は劇的でしょう (https://commons.wikimedia.org/wiki/File:Crane_shot_2016-01-03.gif)。

クレーンアップ

　コンピューター上でレイヤーを組んで対象を描き、それをタイミングを計って複数のレイヤーを移動させてこのカメラワークを作るとき、1つ注意しなければならないことがあります。それは、観察点の移動によって、対象の見ている表面の方向が変わる、ということです。上の2枚目の写真を見てもわかる通り、クレーンアップを用いるとき、これまで真正面にだけあった対象 (生け垣) は、その遮蔽物を越えていくとき、その遮蔽物の上面が現れます。これは、壁になっていた対象の自己遮蔽の仕方が変わるために起こることです。ですから、可能であれば、クレーンアップを用いるときに見えている対象表面が現れている部分を少しずつ変えることで、観察点移動の実在感が増します。

　面白い効果を持ったカメラワークですが、手描きのアニメーションでこの観察点移動を描くのは、それなりに難しいでしょう。

(iv) 観察点を自由に動かして画面を作ること

　水平方向への観察点の移動、奥行き・手前方向への観察点の移動、垂

直方向への観察点の移動それぞれにともなう包囲光配列の変化をとらえる方法がわかると、観察点を縦横無尽に変えることができるようになります。数学で言えば、直交する3つの軸の全てがこれでそろったわけです。ですから、幾何学的空間においては、どの場所にも観察点を動かせるということです。このことで、環境中の全ての場所に観察点を移動させることが可能になります。つまり、「あらゆる場所に同時にいる」ことを描けるようになります。

これを最大限利用した作品は、CG技術が導入されてから活発に利用されるようになっているように思います。大友克洋監督作品『MEMORIES』の中の1作品『大砲の街』（片渕須直氏が演出・技術設計を担当）や、TVアニメ『宝石の国』のアクションシーンなど、効果的に用いられることが多くなりました。特に「大砲の街」では、1つのカットを非常に長くし、観察点がひたすら移動し続ける作品になっています。これにより、広がりのある環境を作り上げることに成功していると言えるでしょう。

3 観察点が固定されているとき

ここまで、観察点が移動する場合のカメラワークについて述べました。環境中の地面に対し、水平移動、前後移動、垂直移動する観察点が、どのような包囲光配列とその変化をとらえていくのか、という3つのカメラワークを取り上げたことで、前にも述べた通り、環境中の3方向の直交する軸、3次元の座標系を利用できるようになりました。もちろんこの座標系は絶対的なものではなく、動く観察点や対象によって基準が動きうる、相対的なものです。

この項目では、これまでとは違うカメラワーク、観察点の位置が固定された状態で起こることを表現するカメラワークについて考えます。

(i) PAN／Tilt

観察点を固定するということは、動かない観察点に集まってくる包囲光とその配列に変化が無いということであり、環境中の対象の配置が基本的には変化しません。そのため、見ている方向が変わるにつれて画面

▶▶▶ 描かれるものの立体感と、見える場所の広がり

に映される環境中の対象の配置など、包囲光配列を決める全ての表面とその肌理を作る必要があります。

では、このような場合の画像がどのようになるのでしょうか。

カメラのレンズの位置を固定したまま、向ける方向だけを変えて撮影した映像を作ることができます。まず、水平方向に画角が変わることを基本とした「PAN（パン）」と主に称される例を取り上げます。

これら一連の映像の中に写っている対象のうち、包囲光配列が変化している部分と変化していない部分があるのが、よく観察するとわかるでしょう。走行中の軽自動車は、左方向へと動いていっているのがわかります。それに対して、手前にあるポールの位置と、その奥に見える道路に印刷された「止まれ」の「れ」の字、さらにその後ろに見えるガードレール、さらにその奥に見える植え込みの位置関係は全く変わっていません。しかし、カメラの向き、眼の向きは右へと回っていきます。これは、頭の位置を固定したまま、眼の向きを変えて、見る方法を変えることに相当します。このように、観察点の移動が無いためにこの観察点に集まる包囲光配列には変化が無く、眼の向きだけが変化してとらえることができる絵・画像だけが変化しているカメラワークが「PAN」です。

中でも特に、上方向へ眼の方向が変わるときの状況にあたるカメラワー

カメラを動かさないカメラワーク、PAN（対象の位置関係に注意）

155

クを「P.U（Pan Up）」や「Tilt Up」と呼び、逆に下方向へと眼の向きが変わるときのカメラワークは「P.D（Pan Down）」「Tilt Down」と呼ばれます。

これらは観察点の移動無しに作られるカメラワークです。今現在観察点、つまりカメラあるいは動物の目がどこにあり、どのような環境に囲まれているか、その環境にはどのような対象があるか、という視覚情報を描く場合には最適と言えるカメラワークでしょう。

特定の対象の移動を追いかける様子をその動きを追いながら撮影するカメラワークとして、「Follow」の他に「つけPAN」「Follow PAN」などと称されるものがあります。これは、例えば前のPANの画像に写っている軽自動車を、観察点移動無しに眼の向きだけを変えて追いかける、つまりカメラの向きだけを変えて、動く対象を追いかけて撮影する方法です。「Follow」では観察点が移動する対象に並進して撮影するため包囲光配列が変化しますが、「つけPAN」の場合は動く対象の部分のみにオプティカルフローが発生し、その周囲に広がる環境から来る包囲光とその配列は変化しない、ということに留意しましょう。

(ii) ズームイン／ズームアウト

ズームインという言葉はよく耳にすることかと思います。これもカメラワークに含まれるでしょう。これは何をしているのかと言えば、ズームができるカメラレンズを通して、広角レンズの状態で広い場所を撮影している状態から、一部分だけ大きく見ることができる望遠レンズへと撮影方法を変えているのです。すると、広い場所から特定の対象に注意が向くような効果を得られます。逆に、望遠レンズで大きくとらえた対象を中心とした画面から、広角へとレンズを変えていくと、周囲の状況がよくわかる画像を撮ることができます。これがズームイン、ズームアウトです。

先ほど紹介したトラックアップ、トラックバックとの違いは、カメラの位置が変化していないということです。ですから、画面は、ズームイ

ンの場合はただ拡大され、ズームアウトの場合は縮小される絵ができあ
がります。このとき、対象との位置関係の変化はありません。オプティ
カルフローもありません。トラックアップ、トラックバックの代わりにズー
ムイン、ズームアウトを用いることができる場面もありますが、替えが
効かない画面も多いです。これらの2つは、ただ対象を大きく取りたい、
というときに、どちらを選択するか考えなければなりません。

　トラックアップに比べて画面作りに力を発揮でき無さそうなズームイン
ですが、これらを組み合わせた巧みな画面作りの例があります。ズー
ムインとトラックバックを組み合わせた「the Vertigo effect（「めまい」
効果）」と呼ばれる撮影方法がそれです。カメラを後ろに引き（トラック
バックし）つつ、レンズをズームインさせ、撮影したい対象の大きさを変
えずに撮影すると、背景だけが後ろに遠ざかっていくように見え、本当
にめまいが起きているのかと思わせるような画面を作ることができます。
これはヒッチコックが映画「めまい」の撮影で用いた方法で、上手く使
うと『ゴールが遠ざかっていく』あるいは『たどり着きたい扉が遠ざかっ
ていく』かのような、非常に面白く効果的な映像を作ることができます。

4 あとどれくらいで衝突する？～奥行きを作る動きとτ（タウ）について～

　ここまではカメラの機能を利用したり、観察点を移動させることで起こる
見え方の変化を取り上げましたが、もう1つ、映画の画面内に奥行きを作る
方法があります。それは、画面内の手前方向から奥方向への広がりを使った
動きを作る、「縦の構図を用いる」というものです。トラックアップでは、カ
メラの方が対象に近づくことを意味していましたが、この方法は、画面内に
描かれた対象が、観察点〔カメラ〕に近づいてきたり、離れたりすることを
描くことで、画面に「奥方向への広がり」を作ることが可能になります。

　生態心理学では、ディヴィッド・リー氏が、このような、対象が自分に向かっ
てきていつ衝突するかを判断する指標として、自分に向かってくる対象の肌
理の拡大率から、衝突までの時間がどれほどあるかを判断するための数値が
知覚できることを発見しました。それがτ（タウ）です。タウは、近づけば近

づくほど正確に衝突までの時間を知ることができる、という性質があります。そのため、遠くにあるときには「まだまだ大丈夫」と思っていても、近づくにつれ「危ない」と知覚できるようになるため、対象が近づけば近づくほどその拡大率が誇張されたかのように大きく迫ってきます。

このタウには時間の単位（秒）がありますが、これを時間で微分することによって、単位が無い無次元数になります。これは「τマージン」という数で、1/2を境にして全く違う結果を知覚することができます。τマージンが1/2より大きいときは、その対象と自分は衝突します。1/2より小さいときは、対象は自分と接することなく、衝突の手前で止まります。ちょうど1/2である場合には、近づいて来る対象と自分が接して止まります。

これらを利用し、近づいて来る対象をアニメーションの画面内に作ることによって、画面に奥行きを作ることができるのです。

5 カメラワークの意味

ここまで説明してきたカメラワークは、アニメーション作品にどのように貢献するのでしょうか。カメラワークはストーリーを作るときに使えます。動きの連なりに意味を与えるためにカメラワークを使うことができます。例えば、部屋に何人かの人物が扉を開けて入ってきた後、一斉に驚くような仕草をしたり、声をあげた後、彼らが背にしている壁や扉の反対側へとカメラを振り（PAN）、意外な登場人物をとらえる、というシーンを作るだけで、1つのストーリーができあがります。

あるいは、座り込んで深く煙草を吸って、一息に煙とともに息を大きく吐き出し、立ち上がるのをカメラを上に向けながら上半身を追いかけることで、重要な意味のある場面を作ることもできます。

また、カメラワークは動きを作るときにも使えます。上半身を写しているカメラの背景をすっと下げると、その人物や人型のロボットが立ち上がる動きを作ることができます。カメラワークとしては、TiltあるいはPAN UPを使って、立ち上がる動きを感じさせることができるのです。

カメラワークは、1つのアニメーションの作品が持つ「この感じ」、一番伝

▶▶▶ 描かれるものの立体感と、見える場所の広がり

えたい「この感じ」を作ることに大きく貢献するのです。

5)「背景動画」が真に意味すること——
　包囲光配列とオプティカルフローの究極の作り方

1 「背景動画」とは

　ここまで動画の撮影を通して、観察点が移動するときの包囲光配列やオプティカルフローを作るカメラワーク、そして観察点が移動しないときのカメラワークとその特徴を記してきました。ここで挙げたことを表現する、ある意味究極の方法があります。それは、映し出す画面の全てを1枚ずつ絵に描き、時系列に従って並べるという方法です。

　例えば、CGがまだなかった頃、奥行き方向へ観察点が移動するときどのようにして包囲光配列の変化を描くのか、ということを考えます。ここまでは様々な部品を組み合わせて奥行きや広がりを描く方法を採り上げてきました。しかし、カメラの設備が限られていたり、重ねられるセルの枚数が限られているなどの制約のため、撮影の段階で奥行きを作ることには限界もありました。そこで編み出された、というか、セル画やCGに特有の描写、撮影方法ではない方法が、これなのです。

　これまで説明してきた、「背景」と「動く対象」のように対象を分けず、またレイヤーも分けずに、全画面の包囲光配列とその変化をすべて「描く」、画面に映る全ての対象や環境を描きアニメーションを作る素材となる画を作る、という方法があります。「背景」として扱われる遠景までも動画として動かすため、これは「背景動画」と呼ばれます。

2 画面の全てを作画することで得られる表現の広がり

　この技は、日本の商業用のセルルックアニメーションではもうほとんど使われなくなりました。しかし、セル画と背景をレイヤーに分けて、という方法を用いずに、1コマ1コマを構成する絵を全て描いて時系列上に並べ、包囲光配列の変化、遮蔽関係の変化を表すアニメーションもあります。この場

合は否応なしに全ての画面作りが「背景動画」と同じになります。ですから、この方法は決して「昔のもの」「CGで取って代わられたもの」ではないのです。

　アニメーションの作り手になりたい、と思っている方にとって、このような、全画面に映る絵や写真の全てをコントロールする方法でアニメーションを作り、環境と対象の動きを描く練習しておくことは、「自分で画面中の全ての包囲光配列を操る」ことを練習することですので、ぜひ挑戦してもらいたい画面制作法です。

　この方法は唯一、画面に描かれるもの全てを、表現される包囲光配列やオプティカルフローを描き手自身の意図でコントロールできる、ある意味アニメーションの基本中の基本といえる作り方である、とも言えるでしょう。

　これを使えば、生物や物理の法則、カメラの性質にとらわれない全く自由なアニメーションを作ることすらできるのです。ただし、そのようにして作った動きが、そのまま観る者にとって魅力的になるかどうかはわかりません。不自然な動きでアニメーションを作ると、鑑賞する者にとってはただ気持ち悪いだけの動きになってしまうこともあるので、注意が必要です。

ダメのダメはダメなの？
──『HUGっと！プリキュア』で注目すべき隠れた名台詞

　2018年放映のプリキュアシリーズ『HUGっと！プリキュア』のテーマはなんと、子育て。「はぐたん」という赤ちゃんを守るためにプリキュアが活躍します。その第19話『ワクワク！憧れのランウェイデビュー!?』では、「男の子だってお姫様になれる！」という台詞が波紋を呼びました。しかし、より重要な台詞がこのお話でつぶやかれます。

　えみる『何でもダメと止めてはダメなのですね……はっ、またダメと』

　いきさつを紹介しますと、主人公たち5人はファッションショーの看板製作を任されます。すると、手に絵の具を付けた「はぐたん」が、その上をハイハイして手のひらのスタンプを付けてしまったのです。「えみる」と「ルールー」はそれを「ダメ！」と止めようとします。

　そのとき主人公の「はな」は「ダメじゃないよ」とその行為を肯定し、さらに自分も一緒になって、仲間とともに手のひらに絵の具を付けて模様を描きはじめます。心配なのは絵の具のついた手を「はぐたん」が口に入れてしまうことですが、仲間の1人、「ほまれ」が「この絵の具は口に入っても大丈夫」と、フォローしています。

　5人が力を合わせて絵を描いたその結果、カラフルな手のひらのスタンプはまるでお花畑のような1枚の絵になったのでした。付け加えると、その中に5人で力を合わせて作ったと思われる花模様がいくつもあるのでした。

　ダメだと思い込んでいることが、花畑や花模様を作ることを可能にするのです。「ダメ！」と禁止して可能性を広げられなくすることは「いいこと」なのでしょうか。それとも……？

　そう、この台詞は子どもと一緒に見ている親たちに突きつけられる重大な問いなのです。

第7章 あの人の仕草や動きに焦がれる

▶▶▶ 動きの作り方と見え方

包囲光配列と対象の肌理、それらが持つ不変項と、それらのアニメーションでの作り方については、ここで一段落です。ここからは、これまで述べてきた動きの作り方についてまとめます。また、動きを作るときに必要な情報について、不足している事柄について補足していきます。

1）動画の1枚1枚に動きの情報を持たせる

1 アニメーションの動きは「仮現運動」で説明できる？

　これまで特に疑問を差しはさまず、映画のフィルムで1コマずつ撮影するようにアニメーションを作ることを論じてきましたが、実はここにも大きな問題があります。なぜ、映画は動きを撮影し、上映し、スクリーン上に動きを表すことができるのか、ということです。

　多くの認知心理学者は、「仮現運動」という、見かけ上動いているのと同じように見える表示を作ることができたという事実から、映画やアニメーションは仮現運動の原理に従って動きを作り、観客に見せることができる、と、説明してきました。これについてはいわゆる認知心理学で動きの知覚を研究してきた方々の本がたくさんあり、そこで多くのことが語られてきましたので、この本では詳しく説明はしません。ただ、私はこの説明には納得していません。もし、本当に仮現運動によって動いているように見えるのならば、画家が1枚の絵を描くとき、そこに動きを描いているのだという「感じ」は無いことにされてしまいます。モネの「睡蓮」などを見ると、そこに動きが描かれていないとは思えないのです。アニメーションの制作についても、毎秒4枚の絵で動きを作ることができるということを、この「仮現運動」では説明でき

ません。
　私は、安易な「こうすれば動いて見える」「こうすれば動きを作ることができる」という、この「仮現運動」＝Apparent Motion（直訳すると「見せかけの運動」）で説明しようというのは、学者としては手抜きではないかと思っています。

2 「降る雨」の絵画での表現方法
　アニメーションの作り手は、こんな理論など知らなくても優れた作品を作ってきました。1枚の「動かない」絵に「動きを描く」、つまり動きの情報を埋め込むことも、画家はずっとやってきたことです。これら画家たちの不断の努力を無視することはできません。もっと他に、動きを作るための重要な何かが、実際の絵やアニメーションの制作において発見され、利用され、動きを私たちに見せてくれていたのだと考えています。
　動かない絵画に埋め込まれた動きとは、どのようなものでしょうか。
　歌川広重が描いた「雨」は、動きが埋め込まれた絵の代表格にと言えるでしょう。彼は「大はしあたけの夕立」という絵で、降っている雨を線で表しました[カラー口絵⓬]。
　「降っている雨を絵に描く」というのは、正直な話、一見無茶なことです。「動き」を「動かない絵」では表現できない、という凝り固まった古いアイデアに染まってしまっているのなら、降っている雨を描くことは不可能です。なぜって、雨は降っているのですから。降らない雨はただの水です。降っているということは、重力に引かれて雨粒、つまり水滴が「落ちている」、ということです。「落ちている」ということは、動いているのです。動いている水滴を、「止まっているものしか描けない1枚の絵」でどのように表現するというのでしょう。
　日本人の誰かが、「絵には止まっているものしか描けない」という檻から抜け出し、「降っている雨がどのように見えるか」という「降っている雨の『感じ』」を描くことで、絵にも降っている雨を描くことができる、動いている雨粒を描くことができることに気付いたのでしょう。広重はその「動きを含む絵」「動

第7章 あの人の仕草や動きに焦がれる

きの不変項を埋め込んだ絵」の作り方を採用し、雨を線で描いたのかもしれません。

　雨を描くとき、線でそれを表現しようという方法は、アニメーションにも持ち込まれました。日本のセルアニメーションには、セルにカッターで細い傷をつけ、それを対象や背景を描いた絵の上から乗せ、コマごとに傷の付け方を変えたり、傷をつけたセルを少しずつ動かして撮影したりすることで、降っている雨を表す方法があります。「セル傷の雨」といいます。セルがなくなった今でも発想は同じところにあるでしょう。雨を線で描くという動きの情報を埋め込む方法がここにあります。私たちはなぜか、絵に描かれている上下方向の線を雨だと知覚してしまうのです。そこにあるのは、水滴が落ちているというよりも、「雨が降っているときにはこんなものが見える」という「感じ」、つまり降っている雨の不変項が取り出され、絵として描かれたと考えるのが妥当でしょう。これを動きの情報でないというなら、どんな描き方をすれば雨が降っていると私たちは知覚するというのでしょう。そこに動きはないと言い張るなら、私たちが雨が降っている環境で見ている「空から落ちてくる線」は、いったい何だというのでしょう。

「セル傷の雨」や浮世絵にも使われた「線で描く雨」には、たとえ１枚の「動かない」絵であっても、そこに動きを知覚させる情報、動きの不変項を描くことができ、それを見ている私たちもまたそこに動きを知覚できる、ということを示しています。そして、セルアニメーションで用いられた「セル傷の雨」は、１枚１枚の動画として絵が描かれ、それを並べることによって、まるで本当に「雨が降っている」ような情報を作り、私たちに「降る雨」の不変項を見せてくれるものだということも分かりました。

　このことは、１コマ１コマの絵に動きの情報を埋め込み、それを時間的に順序よく並べて示すことにより、私たちは動きを知覚することができる、という可能性を示しています。逆に言えば、１コマ１コマに「歩き」なら「歩き」の、「走り」なら「走り」の、「降る雨」ならば「降る雨」の動きを知覚できる情報が埋め込まれていなければ、私たちはそこに動きを知覚することはできない、できるとしても不格好であったり、不十分であったりするというこ

ともある、という可能性を示しています。

③「動きの不変項」を表現に埋め込むということ

　私たちが「静止画の連続」で作られているアニメーションに「動き」を知覚できるのは、作者が見せたい動きの不変項が、アニメーションを構成している1枚1枚の絵に埋め込まれているためだ、と、私は考えています。1コマ1コマに動きの情報が無い場合、私たちは「何かが変形している」ことはわかっても、それがどんな変形なのかわからない、という状況に陥ることも多々あるのではないか、とも私は考えています。

　このような「動きの不変項を持たない変形」は、言ってみれば「生命感が無い」「動物の動きでもなければ自然事象の動きでもない」もので、アニメーションと呼べるかどうかもあやしいものになっている可能性もある、と言えるのではないでしょうか。

　動きを構成する1コマずつの絵は、すでにそこに動きの不変項が埋め込まれており、それが順序よく並べられているからこそ、アニメーションの作り手は観客である私たちに動きを知覚させるのではないか。これが、私の考える「アニメーションにおける動きの情報の作り方」です。

　私たち動物は、環境の中で動きを直接知覚し、そこに働く力を拾い上げ、その動きに対応するように行為しています。それを利用して、映画やアニメーションは、私たちに動きの不変項を提示して、動いている対象を見せているのでしょう。

2）順序と動きの情報

① 絵を並べて動きを描くということ

　次に、絵を並べて提示する、ということについてちょっと考えてみましょう。そこにどんな情報があるのでしょうか。

　毎秒何フレームの絵を提示すれば「良いアニメーションになるか」ということを考えたとき、毎秒のフレーム数が多ければ多いほどよい、とは、単純

には言えません。毎秒4フレームの絵しか提示されていなくても、動いて見えるようなアニメーションを作ることはできます。逆に、毎秒60フレームみっちりと絵を並べても、それだけではなめらかな動きを作り、良いアニメーションになるわけではありません。逆に、ヌメヌメした「動きではない何か」になってしまうこともあります。大事なことは、全てのフレームに気を配って動きの情報、動きの不変項を制御できているかどうか、なのです。

　また、アニメーションや絵画で動きを表現するには、「描きたい動き」の不変項を持った絵を時間的な順序に基づいて並べ、移り変わるように提示することによって作られていると考えられます。ここで重要なことは、アニメーションは時間的に順序に従って絵が並べられているからこそ、動きを知覚できるのだ、ということです。時間的な順序がバラバラになっていては、たとえ1枚1枚の絵に動きの不変項があっても、1つの「動き」を知覚できないと考えられます。

② 動きは「絵の配列」ではなく「絵の順序」が重要

　私たちの身のまわりの環境には、特定の配列を持った包囲光が必ずあります。包囲光の場合は、順序、つまり並び順を特定の方向に決めることなく、配列が対象表面にそれぞれ独特な情報になっています。その一方で、動きの場合には、時間的な順序が情報を作るときに必要です。時間の経過は、流れの上流から下流へと流れるが如く、「始まり」から「続いていく」ように「時間の矢」があり、それに従って経過していきます。つまり、時間的な配列には、「始まり」と「一区切り」すなわち時間の矢があり、その方向を逆にすると全く意味が違ってしまうという特徴があると言えるでしょう。

　動きはそのほとんどが非可逆的です。開いた扉は元通りに閉めることはできますが、動きとしては異なる、特に「先詰め」「後詰め」ということを考慮に入れると異なるタイミングで動いていることがわかります。重い扉は、なかなか動き出してくれません。閉じた重い扉を開けるときには最初ゆっくりと動き出し、だんだん速くなって開いていき、扉の動きを止めようとするときに速さが落ち、だんだんゆっくりになっていき止まります。閉めようとす

るときは、やはり同じように加速しながら閉じていき、扉が閉まりきったところで突然動きを止めます。あるいは、扉の動きをゆっくりさせるように減速し、静かに閉じる場合もあります。ゆっくり静かに扉を閉めるときには、誰かが、あるいはドアクローザのような道具が力を発揮するようにしなければなりません。

　動きには「時間の矢」「時間の流れ」に従うように起こる順序があり、動きを区切るタイミングはそれぞれの動きによって異なります。包囲光配列のように、順逆の区別の必要がない、というわけにはいきません。時間的順序構造はあくまでも「時間の矢」「時間の流れ」に沿うように並んでいます。ここに「様々な動きを知覚させる情報、性質」、つまり「様々な動きの不変項」があります。風の動きを左右する変数、レイノルズ数は、その１つです。歩きや走りを感じさせる歩きの不変項、走りの不変項も、時間的順序に従って形作られています。時間的な順序に沿って、動きを感じさせる絵を然るべきタイミングで並べることで、動きの不変項を描き、観客である私たちはそれを見て動きの不変項を拾い上げ、知覚できるのです。

3）アニメーションと「誇張された表現」

1 「誇張表現」と物理法則

「アニメーションは誇張された表現である」あるいは「アニメーションの動きには現実にはない誇張がある」という話を、様々なアニメーション制作者が語っているのを聞いたことがあります。実際、様々なアニメーション作品に、不必要なほどに大げさに感情表現をしたり、物理運動の原則を壊すような動きをするなど、「誇張」と呼ばれてもおかしくない「科学からの逸脱」を見ることがよくあります。しかし、それは大げさであったり、やり過ぎであったりするということなのでしょうか。誇張の無いアニメーションの動きというものは存在しないのでしょうか。

　確かに、厳密に物理法則や化学法則、生物学的法則などに忠実なアニメーションは、「アニメーション作品」として見かけることはほとんどありません。

あるとすれば、例えば、設計中のビルがどのような空気の乱れを起こすのかといった流体力学に従ったシミュレーション画像や、ビルの耐震性、地震波を受けたときのビルの動きのシミュレーション、天気予報に用いられるようになってきた風の吹き方予想の図などが挙げられましょう。しかし、その天気予報の風の表し方にしても、強い風、弱い風を表現するために色彩を変えるなどの工夫が凝らされています。これを誇張と言ってしまえば、自然事象を描くアニメーションであっても、それが科学にのっとったものであっても、誇張がなければ見ている者には伝わらない、という意見が正しいかのようにも思えてきます。そういった「わかりやすくするための工夫」を、誇張と呼ぶべきでしょうか。

　自然科学の領域で発見されてきた様々な式や法則に従う計算、実験、実証から離れた記述は、「わかりやすくするためのデザイン」「伝わりやすくするためのデザイン」「自分がこうありたいという願望を表すデザイン」ではないでしょうか。

② デザインとしての「誇張表現」

「わかりにくい事柄や情報を伝わりやすくするためには、誇張が必要だ」

　このような思想は、どのような表現媒体、記述媒体にもあることでしょう。小説でも、歌でも、油絵や水墨画のような絵画でも、音楽でも、伝わりやすくするための工夫、デザインが行われることは、もはや必要不可欠と言えるほどに浸透しきっているのでしょう。そのような記述方法を採るとき、どうしてもここだけは変えられない部分には手をつけず、どのように伝わりやすくするかという「便利な」デザインが行われてきたのは間違いないでしょう。ここで「変えてはならない部分」を変えてしまったら、肝心の、最も伝えたい科学の法則や式、物理量などが変わってしまいます。それでもわかりやすくしたい、というのであれば、もはやそれは科学ではないが伝わりやすさには代えられない、仕方ない、と、割り切ってしまうしかありません。

　そうして妥協を重ね、結果、何も伝えられなかった、さらにひどい誤解を招いた作家もたくさんおられるのではないかと勘ぐってしまいます。

自然事象、物理現象、化学現象、生物学的現象などといった、環境に実際に埋め込まれている不変項を理解するためには欠かせない科学の心は、理解させようとするとき、正しすぎる、わかりやすくデザインされていないもの、誇張がなく親しめないものは避けられてしまうことがよくあるのでしょう。それらの「裸」の自然事象、物理量は、これまでの知覚心理学の中では知覚情報とは見なされない、という可能性もあります。それらは数値でしかない、と言えなくもないためです。私たちが生活し、居ついている環境にある知覚できる事柄、情報というのは、あくまでも知覚可能な情報、意味や性質であり、測定値ではありません。そのため、科学的に正しいとされる、精確さと正確さを持って測定された数値や動きの結果は、全く残念なことに、意味も性質もないただの数値や形でしかない、と解釈されても文句を言えないということなのでしょう。そこに「生命感」や「実在感」を感じることができない、と言われても、そのようにしか見えないというなら、科学者は1歩引かざるを得ません。測定値や計算式から導き出されたデータは、「生きている」あるいは「自分たちが暮らしている」環境において最も重要な知覚できる性質や意味、情報から「生きている感じ」を取り去った、骨抜きにされた澱のようなものだととらえられても、理解されないのなら妥協するしかないのでしょう。

3 自然科学の法則と誇張表現

　しかし、それでも、自然科学を学んできた身としては、それら測定値の方がよほど生々しい現実を表現している記述です。そのためか、アニメーションなどで描かれる、自然事象を完全に無視した誇張や、不要な情報の付け足しは、必要の無い余計なものだと感じてしまいます。

　自然科学の法則や式にのっとった情報を読むためには、確かに自然事象を科学の言葉で表す方法やクセを知っていなければ、実在している生態心理学的情報として読むことはできないのかもしれません。それならば、と、安易に「わかりやすくデザインされ、その結果、誤解を生じる」ような「誇張」された情報を鵜呑みにされるのも困りものなのです。

デザインとしての「誇張」は、確かに、マンガ、アニメーション、絵画、小説、音楽には欠かせないのでしょう。しかしそれは、わかりやすくするため、伝わりやすくするため、あるいは自分の心情を込めたいためにあると言えましょう。それ故に、誇張のしすぎは、逆に、自然事象や生き物の動き、ヒトの動きから実在感、存在感、生命感を奪い、得体の知れない、生態心理学から見ても意味不明な、知覚情報にすらなれない別の何かになってしまいます。

　誇張が少ない作品はわかりにくいものかもしれませんが、見ているだけで疲れるような作品ではないし、繰り返し見返すことによりわかってくる作品なのではないでしょうか。科学と敵対することのない、さりげないほんの少しの誇張で伝わりやすくなることもありましょう。

　わかりやすい、伝わりやすい表現を追求するうちに、かえって私たちが持っている知覚から離れてしまうことがよくあるのだ、ということを心に刻んで、作り手の方は動きや環境の性質、自然事象、心情を表すための自然事象を作るようにして頂きたいのです。これは、自然科学と生態心理学、アニメーションを同時に分け隔て無く学び身につけてきた私からのお願いです。

4）動きの不変項・動きの知覚・アニメーション

① 動きの不変項とはどのようなものか

　私たちヒトが暮らす環境には、様々な動きがあります。私たちヒトが移動するときの歩きや走り、自然事象としての雨や風などが、その１例です。その１つ１つの動きには、それぞれの動きに固有な不変項があります。

　この、動きの不変項は、「動けば動くほどあらわになる、変化しない性質や意味」です。歩き、走り、風、雨は、動いていなければ現れない性質や意味こそが本体であり、それが動きの不変項になっているのです。私たちは、それら動きの不変項を知覚することで、どのような動きが身のまわりにあるのかを知ることができます。風は、流れなければただの空気の淀みです。雨は、降らなければただの水です。歩きや走りは、足を含めた身体全体が動く

ことがなければ、動いていない身体でしかありません。空気が流れたとき、そこには風があります。水滴が空から落ちてくるとき、水は降る雨になります。脚を交互に動かして移動するとき、そこにはヒトの歩きや走りがあります。

　歩きには、両足が同時に地面に着いているときがあります。走りには、両足が地面から離れ跳躍しているときがあります。それ以外にも、歩きや走りに特徴的な動きがあります。それらは全て動きの不変項として、そこにあるようにあるのです。

2 アニメーションで動きの不変項を描くということ

　アニメーションで動きを作るには、動きそれぞれが持っている動きの不変項を、何らかの方法で連続する画像の1コマ1コマに、時間的な順序に従って描きたい動きの不変項を持った絵を並べればよいのです。動きを知覚させるアニメーションには、それぞれの動きの不変項がそこに埋め込まれていなければなりません。私たちヒトはそこにある不変項を知覚して、アニメーションで作られた動きを知覚します。

　ヒトの動きに従って起こる衣服の模様や柄の形の変化には、ヒトの動きの不変項が含まれているため、ただの変形ではなく、生命感があり、実在感のある動きになります。風になびいているのであれば、そこには風の不変項があります。水の流れの中にあるのなら、そこには水の流れの不変項があります。

　特に不変項を持たない、生命感の無い、実在感のない変形では、生き物の動きを知覚することはできません。そのように作られた動きは、ただの変形でしかありません。これを何らかの動きだと主張しても、私たちヒトはそこから動きの不変項を知覚することはできず、結局何の情報も得られない変形しか拾い上げることはできません。そこにあるのは命ある者の動きでもなく、自然事象による動きでもない、得体の知れない変形だけです。

　逆に言えば、アメーバが移動するときの動きであっても、それは「アメーバという動物の移動」という不変項を私たちは拾い上げることができます。その動きは不定形の変化のように見えながら、確実に生命感や実在感を得ることができる、動物の動きの不変項があるのです。アメーバの動物としての

動きと、生命感の無い変形の間には、越えられない壁があるのです。

③ アニメーションと生命感・実在感

　アニメーションを作ることは、動きに生命感、実在感を与えることです。それならば、何者でもない形に生命を与えるというときには、ただ変形しているだけでは不十分なのです。

　動物のように動かしたいのなら、生命感あふれる変形をさせることが必要不可欠です。生命活動の結果ではない自然事象、風や水の流れの中にあってなびいているような動きの場合には、風や水の流れの不変項を埋め込まなければなりません。

　生き物の動きにも、物理現象にも、動きの不変項があります。そのことを忘れ、闇雲に何かを動かしても、それは命も無い、自然事象の性質もない、ただの変形にしかならないのです。

　動きを作りたいのなら、そこには動きの不変項が必要なのです。私たちは不変項を知覚することで動きを知覚するのだということを、忘れてはならないのです。

『鹿楓堂よついろ日和』のコワモテオヤジ
──スイーツ大好き、砂金さん

　『鹿楓堂よついろ日和』というTVアニメが2018年に放送されました。これは同名のマンガが原作で、和風喫茶『鹿楓堂』を切り盛りする４人の男性たちを軸に様々な物語が展開します。そして、何人ものユニークな常連客たちが花を添えます。

　その中の１人の、とある男性のお話──。

　コワモテのオッサンが、おしゃれで女性客が一杯のカフェを窓からのぞき込んでいます。一体何をしようとしているのでしょうか。

　彼、砂金さんは雑誌記者です。甘いものが大好きです。そして彼は「スイーツ特集記事」を書こうとしています。でも、店の中に入るのをためらっていたのです。「こんなコワモテのオッサンが１人で入れる店じゃない」と。彼は少し気弱で、恥ずかしがり屋なのでした。

　真壁刀義という悪役プロレスラーもコワモテですが、スイーツ好きとして知られています。「コワモテ男のスイーツ好き」というだけでも「かわいらしさ」があります。いわゆる「ギャップ萌え」でしょうか。

　砂金さんはさらに、態度や振る舞いがかわいらしいオヤジです。彼には気になる女性がいます。その人は彼の有能な上司なのですが、どうやって「鹿楓堂」にお茶に誘おうかと、もじもじしながら店の４人に相談しています。その様子は「恋する乙女」そのものです。

　「見た目」は大事です。しかし、姿形を見るだけではわからないことがあります。その人が動き、振る舞う様子を見てはじめてわかることがあります。

　そう、立ち居振る舞いは、とても重要な「見た目」なのです。

第8章 アニメを見たい、作りたい
▶▶▶ 生態心理学とアニメーション

ここまで、私たちが暮らしている環境と、そこで観察される様々な事実、そして動きについて、生態心理学とアニメーションの制作過程の両面に触れながら述べてきました。本章では、実際にアニメーションを制作する過程を追いながら、生態心理学ではそれらがどのように記述が為されてきたか、環境の中にある事実とはどのようなものであったかを振り返っていきます。

実際にアニメーションを作るに当たっては、様々なアニメーション作家がそれぞれ独自の作り方をしていると言っても過言ではありません。一方で、これは生態心理学の記述でもありますので、生態心理学の立場からするとどのようなことを考えていくのかについて、記述していきます。

ここで書かれたような作り方は、生態心理学を復習するという形でのアニメーションの作り方を示すものです。実際に自分でアニメーションを作る場合には、どのような方法を用いて、どのような順序で作っていくのかということについては、それぞれやりやすいように作るのがよいということは言うまでもありません。

では、生態心理学の説明を使いながら、アニメーションの作り方を追っていきましょう。

1) 環境の作り方——居ついている環境とそこにある光

1 ストーリーを考える前に「舞台」を作る

まずストーリー、といきたいところですが、この本で検討された一番はじめのことは、環境中を満たしている光についての話でした。ですから、まず

▶▶▶ 生態心理学とアニメーション

　自分が作りたい場所、登場人物が居ついている環境はどのような場所なのかを考えます。そして、そこを満たしている包囲光とその配列が、どのようになっているのかを設計します。

　ストーリーが先か、環境を作るのが先かという話もありましょうが、結局どちらも作らなければなりません。ですから、生態心理学と自然科学を修めてきた私が考える作り方として、ここでは「どのような環境でどんな主人公が暮らしているのか」を最初に考えていきます。

　生態心理学において、私たち動物が暮らしている環境について最初の章で述べました。そこは、私たち動物それぞれが居ついている、私たちが生きていくことができ、住み処とすることができる場所、私たち動物が居ついている場所のことを指しています。陸上で暮らしている場合には、そこには必ずその環境を満たしている包囲光があります。その包囲光は、その環境に散らばって存在している対象すべてを照らしています。また、私たち動物が居つくことができる環境は、必ず、光、音、臭いなどを伝えることができる媒質、地球の陸上で言えば空気で満たされています。

　どのような場所をアニメーションで描く舞台とするか。それを作るには、情報が何も無い、あるいは無秩序な情報があるだけの環境を作るというわけにはいきません。このとき作らなければならないのは、主人公が「あらゆる場所に同時にいる」ことができる、彼が居ついている環境を設計することが必要になります。それがわかると、そこで暮らしている主人公の姿形、移動の方法だけでなく、主人公の周囲にある様々な対象、時間帯、天候など、環境を照らしている包囲光に関わる様々な条件を作ることができます。

　最初に環境や地図を作っておくと、ストーリーを作るときに「どんなことが起こるのか」「どんな制約があるのか」を知ることができます。逆にストーリーや漠然としたイメージから作っていくときには、「どんなことを描きたいのか」「何を起こしたいのか」から初めて、環境をそれらの設計に合わせてデザインする必要があるでしょう。

　描く時間帯は昼なのか、夜なのか。あるいは、光によって照らされることのない洞窟の中なのか。これらを設計するとき重要なことは、そこに包囲光

第8章 アニメを見たい、作りたい

があるかどうか、そしてその包囲光がどのような配列を持っているのか、という環境の事実を描くということです。基本的には、アニメーションは眼でとらえられる環境を作っていくことになりますから、洞窟の中で光が無いところでのアニメーションを作りたい、ということになれば、それは工夫を必要とすることになるでしょう。

2 環境の中に登場人物を置く

包囲光とその配列は、環境中の対象の表面によって構成されています。ですから、そのような環境中の光の事実、光の実在感を作るときには、環境がどのような場所であるか、どのような対象があるのかを作っていかなければなりません。そして、そこに主人公を置きます。

主人公がどこにいるのか、そのまわりの環境はどのようなものか、主人公の周りにはどんな対象があるのか、それらを決めていくことになります。主人公の大きさも関係しますが、主人公のみの周りが決まるということは、そこにある対象の位置関係なども決まりますから、遮蔽の有無も決まります。主人公は対象によって周囲を囲まれ、周囲を把握できるのか、それとも遮蔽されていて一部が見えないのか、そういったこともまた決まってきます。

アニメーションを作りたいというとき、明確な「どんなことを描きたい」「どんな事実を伝えたい」という作り手の意図があるのなら、まず決まるのは主人公の性格の方になるでしょう。しかし、ここでも、環境の設計は必要不可欠です。自分が作りたい動き、信条、意図、メッセージを作るならば、闇雲に環境を作ってしまっては、伝わるものも伝わりません。環境を自分の描きたいことに引き寄せ、環境をデザインすることが必要でしょう。

2) 観察点移動、カメラワーク

1 環境の中にいる登場人物を撮影するために

主人公がその場にとどまって考えているだけの作品、というのは、なかなか無いことでしょう。これでは動きもありませんし、環境もどうでもよくなっ

▶▶▶ 生態心理学とアニメーション

てしまいます。ですから、主人公たる彼は、自分が居ついている環境、あるいは自分が不慣れな環境を動き回ることになります。

　主人公が動き回るということは、彼を「撮影している」カメラ、生態心理学で言えば観察点もまた、位置を変えたり動いたりしなければなりません。このとき、動く主人公をずっと追って観察点＝カメラが移動する、あるいは要所要所に観察点を設定しそこから観察する方向と広さを決める、などの方法が考えられます。いずれにしても、どのような撮影方法を選択するかによって、アニメーションの作り方も、そこで捉えられる意味や性質も、大きく変わってきます。

　主人公が移動するとき、それを追いかけるようにして観察点を移動させるなら、このときはFollowによって画面を作ることになります。観察点を彼の移動する経路の要所において撮影するなら、Followを作る必要はありません。代わりに、実在感をしっかり出したいなら、「縦の構図」や「パース」、τやτマージンを駆使し、動きと奥行きを同時に作ることができるように、彼が移動する場所をきちんと設計しておく必要がありましょう。

　主人公が見ている、彼のまわりに広がる環境と、そこに散らばっている対象を映像として撮影するとき、効果的なカメラワークを利用することによって、それらを描き出すことができるでしょう。観察点を移動させながら撮影するのか、カメラを固定して見回したりするのかによって、利用可能なカメラワークと、それにより撮影できる環境が決まります。撮影の仕方を考えていくと、自ずとそこにストーリーが形作られていくでしょう。

2 アニメーションにおけるカメラワークの意味

　このように、カメラワークは観察点移動と密接に関わる、アニメーションにおける環境や対象のとらえ方です。ストーリーを作るときにも、自分が作り出したい気分や感情を映すにも、カメラワークは必ず役に立ってくれましょう。ただし、これも闇雲に使えばいいというものでもありません。必要以上にカメラを動かしたり振り回したりすると、かえって物語がぼやけてしまいかねません。また、カメラを振り回すということは、私たちの眼を振り回す

ということに直結します。ですから、カメラワークのつけすぎは見る者にめまいのような感覚を起こしてしまうかもしれません。効果的な、必要十分なカメラワークを設計することが必要になるでしょう。

3）動きと不変項

① 環境中で動く登場人物を描く

　主人公を特殊なものにしない限りは、彼は環境中を動き回ります。それをカメラに収める（観察点で捉える）ならば、アニメーションの作り手は彼の動きを作ることになります。いや、そうして動きをつけることこそアニメーションという表現方法を採用した意味があるのです。１枚の絵で動きを表現するのではないのですから。

　アニメーションは、対象が動いている様子を作り出してこそアニメーションと呼ばれます。その動きは、見せかけの動きではなく、その作品を見た全ての人が、主人公がどんな動きをしたのかが直接伝わる動きとして作る必要があります。そのためには、動きを特定する不変項をそこに埋め込まなければなりません。

② 動きの不変項とその意味

　見せかけの動きだけで作っても、そこには不変項はありません。不変項がなければ、主人公が動く意味も伝わりません。存在感も実在感も無く、意味も性質も価値も無い見せかけの動きを作ったとしても、そこには「何もありません」。文字通り、そこには何も無いのです。変形はあるかもしれませんが、しかし、そこにはやはり何も無いのです。

　動きはそれ自身、価値や性質、意味を持っています。動きは「変われば変わるほどに変わらない」不変項を持っています。そこに主人公はいます。主人公を主人公としていさせたいのなら、不変項を埋め込んである実在感や意味、性質や価値のある動きをさせなければならないのです。

▶▶▶ 生態心理学とアニメーション

4）動きを見て知覚することについての仮説——周辺視と動き・変化の知覚

① 注視せずに環境を眼でとらえるということ

　ところで、私たちが眼で見て動きを知覚するとき、どのように眼を使って動きを捉えているのか、ということについて考えたことはありますでしょうか。

　NHKで卓球選手の伊藤美誠選手の打ち方の特徴を撮影し詳細に見るという内容が含まれた番組があったのですが、そのとき、伊藤選手は卓球の球に目を向けていないことが撮影されました。このことを、番組のナレーションは「ボールを見ていないのです」と伝えました。

「うそだ」

　私はすかさずそう感じました。伊藤選手も球がある位置を示して「このあたりにあるのがぼうっと見える」と語っていました。

　彼女は本当に球を見ずに、相手から来た球を、卓球台で弾んだ直後に打ち返すという曲芸じみたことをやっていたのでしょうか。

　私は違うと考えています。

　私たちは、対象をよく見ようとするとき、ある特定の部分にだけ注意を向け、一部分だけの詳細な構造を見ることができます。難しく書きましたが、これが「よく見る」「注視する」ときの一般的なとらえ方でしょう。しかし、そのやり方だけでは対象の動きをうまくとらえることはできないのではないでしょうか。草野球で、趣味のテニスで、私たちは「ボールをよく見て」と言われますが、そのとき「ボールに注意を向けて、じっと見つめる」ことで本当に「動き」をとらえ、打ち返すことができるでしょうか。

　自動車の運転のときでもそうです。私たちは「走っている方向に注意を向けて自動車を走行させる」ということを繰り返し練習しますが、ある1点をじっと見つめていて、交差点からとび出してくる子どもや自転車をすかさず見つけ、ブレーキを踏むことができるでしょうか。

　私たちは、動きや変化をとらえるとき、じっと見つめている以外の部分、「周辺視」を使っているのではないでしょうか。

ちょっと実験してみるとよくわかります。信号が変わるのを、信号をじっと見つめて待つのではなく、その信号を視野の中心に置かずに周囲を見回しながら待ってみましょう。すると、信号が変わるときに、吸い寄せられるようにそこに目が向く、そんなことが起きるでしょう。

私が実際に自分で確かめた限りでは、じっと見つめているその周辺は、確かに細かな構造を見ることはできませんが、代わりに、動きや変化に対して敏感に反応します。ですから、「信号をじっと見ていなくても、信号が変わるのがはっきりとわかる」のです。

また、車に乗っているときと同じように前方の広範囲に注意を向け、オプティカルフローを見るような練習をしていると、前方にある交差点から自動車が突然顔を出すのがよく見えます。

② 注視することと、周辺視がとらえる情報

私たちは、「じっと見つめる」だけでなく、「じっと見ているのではないところで、動きや変化をとらえている」のではないでしょうか。

ピアノを演奏するときの、それなりに訓練を積んだ方の眼の使い方を観察してみると、面白いことが見て取れます。演奏者は、ピアノを弾いているとき、

楽譜・鍵盤の両方を見ている

楽譜を見ている

鍵盤を見ている

楽譜・鍵盤の両方を見ている

鍵盤の指の動きと自分が今弾いている楽譜の両方が見えるような位置に眼を向けているのです。どちらかをじっと見つめるということはしていないのです。

演奏しているとき楽譜に眼が行くときは、重要な部分、間違えやすい部分が演奏中に近づいてきたときでした。演奏者は前もって、重要な部分を弾く準備をするために楽譜を見ていました。ほんの少し、ちらっとだけ見ることもあり、身体を乗り出し楽譜に顔を近づけてみることもありましたが、どちらにしても、重要な部分を演奏する前に楽譜を見るのです。

そして、いざ重要な部分を弾くときに、鍵盤に、鍵盤を叩く指に眼をチラリと向けるのでした。そのようにして、その演奏者は眼を使っていました。その方は「暗譜をするのはとても重要。楽譜を見ながら弾くときにはこうなる」とおっしゃっていました。演奏者は、演奏中に、楽譜も、鍵盤も、じっと見てはいないのです。

私の見立てでは、それなりに訓練を積んだピアノの演奏者は、周辺視で指の位置や動きを把握し、同時に、周辺視で楽譜を「ぼうっと見ている」のです。

卓球の伊藤選手も、球に眼が行っていないような眼の位置でありながら、球筋を、球の動きを目の端でとらえ、つまり周辺視で球の動きと軌道を見て打ち返していると、私は考えています。

私たちは2種類の「見る」方法を持っているのです。ある1点に注意を向け、対象表面の肌理の構造をじっくり観察する「注視」と、じっと見つめるのではないやり方で見える範囲全体に注意を向け、動きや変化を敏感にとらえる「周辺視」、どちらも重要な視覚で、2つ合わせて私たちは「環境を見ている」のです。

3 注視が視覚の基本なのか？

しかし、私たちヒトは、「見る」と言えば「注視する」ものだとばかり思っているのです。そのような「見る」方法を用いると、文字を読むことなど、細かな作業や、詳細な対象表面の観察ができます。しかし、「見る」とは、「文字を読む『注視』」や「対象表面の構造を詳しく観察する『注視』」だけではない、と、とらえられます。「見えているすべての範囲に注意を向け、動きや

変化をとらえる」視覚もあり、それを使いこなすことで、卓球の球筋を見極めたり、オプティカルフローをとらえ変化や動きに素早く対応できるようにしたり、楽器演奏中の楽譜と楽器を操る指を確認しているのではないでしょうか。

むしろ、1点を見つめ細かな構造を見つめる、文字を読むなどの用途に特化した「注視」は特殊な視覚であり、「見えている範囲全体に注意を向け、動きや変化をとらえる視覚」こそが、基礎的な視覚の働きではないでしょうか。

そして、動きや変化を作るアニメーションの作り手に要求される視覚とは、「細かなディティールを観察し構造をとらえる」視覚、注視だけではなく、何よりも、この「動きや変化をとらえる視覚」ではないでしょうか。

この仮説は以前から考えていることではあるのですが、いかんせん私の置かれた状況は、思った通りの実験ができる状態ではありません。しっかりした実験と検証をすることができないでいるのです。どなたかこの仮説に賛同するか、疑ってかかるかしている方に是非お願いして、実験をして欲しいと願うばかりです。

5）意図とストーリー

1 意図のある動き、意図の無い動き

主人公は、意図を持って動く動物であることがほとんどです。さらに言えば、動物の中でも、私たちヒトを主人公とする、あるいはヒトと同じように見て、聞いて、感じ、言葉を話す能力を持たされた、何かの生き物であることが最も多くなるでしょう。いずれにしても、主人公は意図を持って、環境中を動き回ります。このとき作られるのは、意図を持った動き、そして主人公の性質、性格です。主人公が積極的な性格で好奇心旺盛なのか、消極的な性格で自分のいる場所からなかなか動かないのか、といった、主人公たるヒトや動物などの性格を作ると、自ずと彼の採る行動が決まっていくでしょう。そのように、外堀から埋めていく方法で、アニメーションを作ることもできます。

自然事象には「意図」はありませんが、自然事象としての意味や価値、不

変項を持っています。それを使って主人公の性格や意図を描く道具にもなります。ただそこにあるだけの自然を描くことも重要ですが、自然事象は主人公の意図や心情、気分を表す道具としても用いることができ、重要な役目を担っています。ただし、それはあくまでも自然事象でなければなりません。その自然事象はわざとらしいものになるべきではないと、私は考えます。演出や作者の意図が行き過ぎると、自然事象としての不変項すら失い、得体の知れない何かができあがることになってしまうでしょう。あくまでも自然事象は自然事象としてその不変項を保持していればこそ、意味のあるものとなるのです。

2 生、愛、死

　主人公が環境を動き回るのは、ある意味では当たり前すぎることです。私たちはただ生きるだけでも、意図を持って動き回らなければなりません。そうでなければ、私たちは生き延びることができません。主人公は、ほとんどの場合、食料を探してとらえ、食事をし、休み、排泄し、1日の行動を終えて寝床に就きます。

　発情すれば、異性愛の動物ならば、異性を追いかけたり、自分の存在を異性にアピールしたりして、交尾し、子孫を作ろうとします。恋の物語がそこにあります。これだけでも、ストーリーの土台を作ることができるほどに、強い意図を持たせうる事実です。生きて、子を為し、育て、死ぬ。それだけでストーリーができあがってしまうほどに、当たり前でありながら劇的な行為のカタマリです。

　市川春子作のマンガ『宝石の国』のように、「生きている石」として主人公や周囲の「人」が設定されていると、食事もしませんし、排泄もしません。しかし、そこにも、生まれ、死ぬ物語があります。「生き物」が暮らしているのなら、そこには必ず生と死があります。何人もが共同生活しているのなら、たとえそこに「恋」はなくても、「愛」があります（『宝石の国』は、「激しく厳しい愛の物語」という側面を持っていると、私は感じています）。それは、物語を駆動する強力なエンジンになります。むしろその方が、主人公の生き様や意

図を描くにはいいのかもしれません。

日常生活を描くことはアニメーションにおいておもしろい動きやストーリーを作る方法の1つですが、それらは時にそれ以上の強い意図や物語には邪魔になることもあるかもしれません。そのような場合には、主人公を、私たちヒトと同じ動物として設定するのではなく、全く別のものにしても構わないでしょう。

3 日々の営みもまた魅力的である

そのような激しい物語ではなくても、私たちは日々何かにエンカウントし、何かをしでかします。それもまた、ストーリーになり得ます。そこにも意図があります。さらに言えば、そこには、主人公の周りにある環境があり、様々な対象があります。それらに出くわし、何かをしでかす。それもまた、命を持っているということです。

これは私たちのストーリーと同じでき方です。私たちは常に、自分で決めたストーリーに従って行動しているというわけではないでしょう。むしろ、自分が環境中を動き、どのような対象を発見するかによって、自分の個人的な経験が蓄積し、自分のストーリーができあがっていく、そんなことも大いにあることでしょう。

特に、思いもよらない出来事が目の前に突然現れるとき、私たち主人公は緊急事態にエンカウントすることになります。このような急激な環境の変化は、ストーリーを作るとき、そして主人公の性質や性格、意味、行動の傾向などがはっきりと現れてくることでしょう。この、環境の変化というのは、何も災害や事故、戦争のような、急激かつ劇的な変化を強要するものでなければならない、ということは全くありません。自分が好きな黒ネコを見つけたとか、遠くから救急車のサイレンが聞こえてくるとか、美味しそうなカレーの臭いが漂ってくるとか、落ち葉に足を取られて滑って転びそうになるとか、アリの行列を凝視している子どもにつまずくとか、そんなことで十分です。しかし、そんなほんの少しの環境と対象の起こす知覚可能な「句読点」は、ストーリーを次々に生み出してくれることでしょう。

▶▶▶ 生態心理学とアニメーション

6)「この感じ」を作る──
不変項とプロパティとストーリーと動きと

1「この感じ」とは何か──生態心理学からの見方

　アニメーションの作り手の言葉として私に刻まれた言葉の1つとして、「『この感じ』を作る」というものがあります。これは万能の言葉でもありますが、アニメーションの本質を突いた言葉でもあると、私は考えています。ストーリーも、動きも、アニメーションで描かれる舞台─環境も、作者が伝えたい「この感じ」を作るためにあると言っても過言ではありません。

　さらに言えば、アニメーション以外の様々な「芸術作品」、あるいはそんな「高尚なもの」でもない「落書き」、日々の営みに埋め込まれている「話」や「表情」なども、自分が表現したい、伝えたい「この感じ」を伝えるために作られているとも言えるでしょう。

　それほどに重要な「この感じ」とは何なのでしょうか。

　それこそが、環境や対象、事象や動きが持っている不変項、意味、性質すなわちプロパティ(property)と呼べるものでしょう。そしてそれらは全て、知覚する動物に何らかの行為を可能にする資源、アフォーダンスとなっているのです。

　これら、環境、対象、事象(events)、動きが持っている不変項やプロパティ、アフォーダンスこそが、一番伝えたい物事の核になっています。それは、作品としても、コミュニケーションをとるためのいつもの営みでも、「あらわす」活動全てに言えます。言葉を尽くして物語るとき、絵に描いて伝えるとき、音を並べて伝える(音楽など)とき、セリフを通して伝えるとき、身体の動きを使って伝えるとき(手話、ジェスチャー、踊りなど)、「この感じを見る者に、聴く者に伝えたい」というときの「この感じ」とは、環境中に埋め込まれている情報、性質、意味を指すでしょう。

2「この感じ」を構成する「この感じ」──入れ子構造

　これらのプロパティ、生きるときに利用でき知覚できる意味や性質は、大

きなものの中に小さなものがあり、その小さなものの中にさらに小さなものがある、という、入れ子構造になっているのです。

例えば、今、私は音楽を聴きながらこの文章を書いていますが、今聴いている楽曲１つ１つが全体として１つのプロパティを持っており、それを分解していくと、１つのメロディ、１つの小節、１つの休符、１つの音それぞれもまた１つの意味、性質を持っています。その小さな構造が大きな構造の構成要素となり、特定の配列で並ぶことによって１つの楽曲を作っています。対象表面の肌理と全く同じように、大きな意味、性質の中により小さな意味、性質が入れ子になって埋め込まれているのです。このようにして、１つの楽曲は１つの「この感じ」を作り上げます。さらに、１つの曲が３つか４つ、あるいはそれ以上集まることによって交響曲になったり、組曲になったり、１つのオペラ作品、１つのバレエ音楽になります。それらはすべて、より大きな「この感じ」、ひとつらなりの意味や性質となるのです。

アニメーションにも同じことが言えます。１枚の絵、１枚の写真がいくつも並ぶことによって１つの動きを作り、いくつかの動きが集まって１つの意味のあるカットが作られ、意味や価値のある１つ１つのカットが集まって１つの場面ができ、いくつもの場面が集まることで１つのアニメーションの作品ができあがります。このとき、アニメーション作家は手持ちの札を惜しみなく使います。姿形、動き、仕草にカメラワーク、場面の並べ方とつなぎ方、そういった全ての技を使って、１つのアニメーション作品ができあがるのです。

7）「この感じ」の在り処――「頭の中」か環境か

１ 理想

アニメーションを作るときの最重要課題としての「この感じ」制作について、１つ考えなければならないことがあります。それは、「この感じ」がどこから出て来ているのか、ということです。

先に取り上げた子どもの走りの動きについての「この感じ」、「子どもが走っている感じ」の作り方を、宮﨑駿監督作品と、片渕須直監督作品で比較して

みます。すると、明らかな違いがあるのがすぐに見て取れます。詳しくは第3章第7節の②で述べています。宮﨑作品の子どもは「理想化された走り」をしており、それとは対照的に片渕作品では子どもは「現実的な走り」をしています。風の動きについても同じことが言えます。宮﨑駿監督作品での風は、往々にして大げさで軽いのです。この理由については、第4章第6節の④で説明しています。それに対して、片渕須直監督作品では、風はより重く、粘っこく描かれます。

　これは何を意味するのでしょうか。

　宮﨑駿監督は『海が聞こえる』がTV放送でアニメーション化されたとき、これでは「僕たちはこうです」と言っているだけだ、「こうやって恋しよう」と理想を描くのがアニメだ、とおっしゃったそうです。そして作られたのが「耳をすませば」だったそうです。そしてそこで、ラストシーンで2人は結婚の約束をしてしまったのでした。このように、「理想の世界」が描かれていることが宮﨑駿監督作品の特徴です。それがストーリーや動きにまでその思想が浸透しており、そのため動きも理想化され、私たちの目の前に広がる環境で起きる事象、動きから解き放たれた作品でもあるのです。宮﨑駿がよく幼児性愛を感じさせるものだと指摘されますが、現実の子どもは作品には描かれません。宮﨑氏が見ている「世界」に居るのは、どうしても「理想の子ども」なのかもしれません。そうだからこそ、宮﨑駿は、自分が思い描く理想の子どもを描き続け、「宮﨑駿が作るファンタジー」に観る者を包んでいくのです。

　何とか現実にいる女の子を会社、いや社会で働かせようとして作られた作品もあります。『魔女の宅急便』と『千と千尋の神隠し』です。ちなみに『魔女の宅急便』には片渕須直氏も参加しておられます。当初は『魔女の宅急便』は、片渕氏が監督をやることになっていたそうで、もしそれが実現していたら、そして片渕氏の思い通りに作品が作られていたら、どのような作品になっていたのか、非常に興味を引かれるところではあります。しかし、現実にはそうはなりませんでした。結局、宮﨑駿氏が監督となり、すさまじいばかりの群衆シーンと、現実にはあり得ない激しいアクションシーンが最後にやってきて、ハラハラドキドキして、最後はスカッとする「いつもの宮﨑駿の作品」

第 8 章　アニメを見たい、作りたい

になりました。『千と千尋の神隠し』にしても同様です。多くの方から「あれは前半と後半で違う子が描かれている」「２本の映画が作られている」と指摘されていました。前半こそ現実の、目の前にいる女の子を作ろうと奮闘したようですが、途中から理想の女の子に替わってしまっている、というのです。それを１つの作品として鑑賞するなら、「千尋が変わった」「成長した」とも言える効果を生んでいました。

　また、宮﨑作品はそのすべてがファンタジーです。すると、何が起こるかと言えば、作品で描かれる登場人物たちが暮らす環境、地域の地図が書けない、という、環境を描こうとするには致命的な弱点を抱えることになります。登場人物たちはその世界に確かに居ついているはずなのに、そこがどんな場所であるのか、はっきりと示されないのです。それでは、その登場人物たちはどんな環境でどんな暮らしをしているのかを、しっかりと描くことはできません。しかし、そうであるからこそ、彼の作品は魅力にあふれたファンタジーになっているのです。

② 現実——日々の営みは終わらない

　一方『アリーテ姫』『マイマイ新子と千年の魔法』『この世界の片隅に』（以上、片渕須直監督作品）『聲の形』『リズと青い鳥』（以上、山田尚子監督作品）は、いずれもあまりにもあっさりと終わってしまう作品ばかりです。最後の盛り上がりはどうするんだと突っ込まれそうなほどに、あるいはエンドマークに「つづく」と表示されるのではないかと思わされるくらいに、生活や事象の一部分を切り取ったという「感じ」がありありとする作りになっています。これらの作品は、「光子の走り」のように当然で、『リズと青い鳥』のように「高校生は朝登校し夕方下校する」日々の営みであり、たとえ何かの出来事によって「句読点を打たれ」つつも繰り返される「現実」を切り取っています。私たち人間の生活は始まりもなければ終わりもない、空襲で街が焼けても、戦争が終わろうともその晩の飯は炊くのだという出来事の連続であり、また、高校を卒業しても、かけがえのない友人とすれ違ったり絆が深まったりしながらも、毎日の生活がずっと続いていくのだという力強い語りかけが、そこ

にあります。これらの作品には、片渕監督や山田監督の、私たち人間の環境と時間のとらえ方がにじみ出ているのです。

それが意図的に、そして最も明らかになっている作品が『この世界の片隅に』です。この作品は、たぶん、エンディングのテロップが流れた後、「つづく」と書かれているのが省略されているのです。実際、テロップの背景にある絵には続いていく生活の1コマが次々に現れる仕掛けになっています。

3 アニメーションとロケーションハンティング

そして、片渕監督は、70～80年前の広島市や呉市の様子を描くため、入念な下調べと資料収集、そして当時暮らしていた方々への聞き込みをして、原爆で失われた広島の中島本町、今では平和記念公園になっている広大な街を再現してみせました。そしてそこに、聞き込みをした方の実家の理髪店と、そこに暮らしていた家族を映画に描き込みました。こうして片渕監督は、自分の「外」、彼らが暮らしていた環境を徹底的に調べ上げ、作り込むことに力を注ぎました。それは地図をたどり、時間をたどり、地図を起こし、環境を作り上げる丹念な作業でした。その結果、観客は自分の「外」に広がる環境、主人公のすずさんが暮らしていた街にいることを知覚できるまでに至ったと考えられます。それ故に、多くの方が『この世界の片隅に』の映画を見に行くことを、「すずさんに会いに行く」と語るようになったと考えられます。こうして、登場人物の1人1人が、実在する環境に居ついてそこで暮らしているという、ある意味では単純な、しかし作品を作るという意味では超絶技巧と言える、「70年前の環境に登場人物たちが暮らしている」というだけの、ただそれだけを描いた作品ができあがったのです。ただそれだけの作品は、魚をさばいて切り並べただけに見える、しかし、実際には超絶技巧が凝らされた刺身のように、それを食べた(鑑賞した)者の心を揺り動かすのです。

4 2種類の「この感じ」

この2種類の「この感じ」には、これだけの深い、埋めようもない溝が刻まれています。

宮﨑駿監督作品では、子どもの走りや風の動きすらも理想化された、監督の頭の中で繰り広げられる「ジェットコースター」のような物語に、観客は乗り、その心地よくも激しく振り回されるファンタジーに酔いしれます。

それに対し、片渕須直監督作品では、鑑賞者は、片渕監督が自分の眼で見た環境に連れて行かれ、そこに暮らしている登場人物たちを目の当たりにし、通りすがり、彼らの生活をともに生き、環境を知覚するのです。

ファンタジーを作るのが悪い、ということではありません。片渕監督の作品でも、『BLACK LAGOON』や『アリーテ姫』は、架空の街の架空の出来事を描いています。重要なことは、ファンタジーがファンタジーとして、実在感を持って私たち鑑賞者に迫ってくるには、描かれる動きや登場人物、環境が実在していることを信じさせてくれることが必要でしょう。そのためにも、片渕須直監督の作る実在感は、架空の出来事を作るためにも必要なものなのです。

5 『聲の形』のかたち

さらに別の方法で実在感を作っている作品もあります。

山田尚子監督作品のアニメーション映画『聲の形』です。

この作品では、西宮硝子という高度難聴者をアニメーションで作ってしまったのです。

この作品で作られているものの中で際だった実在感を持っているのが、十人十色の登場人物たちです。この作品では、登場人物が鑑賞者たる自分の目の前にいて、息づかいさえ伝わってきそうなくらいの実在感を持っています。彼らが暮らしている環境も描かれますが、地図が書けるほどかと言えば、そこまでは作り込まれていないように感じます。この作品では、人物を造形することが重視されたのでしょう。その中でも特に際立った実在感を持たされたのが「西宮硝子」だと言えます。

この作品は、「先天ろう」や「高度難聴者」が、「健聴者」たる私たちにとって、いかに理解不能なものであるかということを突きつけます。

健聴者はどのようにしても「音が聞こえない」状態を経験できないことが、

ろう者を理解することが困難である理由の1つです。また、手話は「日本語」ではないため、健聴者が手話を学ぶということは、第2言語を学ぶということなのです。

しかし、この作品の制作スタッフは、私たちが理解不能であるところの「高度難聴者」の呼吸、動き、言葉、仕草などを持った、とある特別な1人の少女、「西宮硝子」を作り上げることに成功していると言ってよいでしょう。少なくとも健聴者であり、高度難聴者に触れたことのない者たちにとっての「異邦人」、「西宮硝子」を造形したのです。これがどのように実現したのか、非常に興味を惹かれます。

そして、その実在感をより強固にしているのが、彼女の声を担当した役者、声優の早見沙織さんです。いくら指導した方がいたとはいえ（スタッフの中に声の出し方を指導した方の名前が入っていました）、ほとんど音が聞こえないヒトの声を出す、というのは、健聴者にとっては無謀もいいところです。「音がほとんど聞こえない」という絶壁を乗り越え、早見さんは、そして音響スタッフは、西宮硝子の声を形作りました。動きを作るスタッフは、西宮硝子の仕草や表情を作りました。

このことはもっと高く評価されてもよいと、私は個人的にはそう考えています。

6 かくして実在感にあふれたアニメーションが生まれる

さて。

環境、対象、照明する包囲光とその配列、遮蔽関係、その環境に居ついている動物、あるいは居ついていない不案内な動物が用意できました。主人公の意図も、それを追うカメラも用意できました。主人公の意図により生まれる物語、あるいは環境がもたらす「句読点」で転がっていくストーリーも用意できました。動きの不変項は十分に作ることができ、また、主人公や登場人物の行為を可能にする価値と意味が用意されました。

さあ、実際に視てみましょう。

実在感にあふれる環境を。

動きを。

第8章　アニメを見たい、作りたい

　アニメーションを。

　ストーリーを。

　アニメーションの作り手が、主人公に思いを託し、気分を作り、動きで観る者を魅了し、主人公の意図を、そして作者の意図を伝えようとしたそのアニメーションの実際の作品を、鑑賞しましょう。

　もちろん、ここに記された事柄を参考にして、実際にアニメーションを作ってみることも十分に可能です。むしろ、自分で作ってみることをお勧めします。そうすればより深く「見ること」「暮らすこと」「知覚して行為すること」を考え、感じることができるでしょう。

　ここまで書き連ねたことは、生態心理学を学ぶとき、視覚を考えるとき、その土台になってくれるように準備しました。

　読む前と読んだ後で何かが違って見えたり、身のまわりがよく見えたりするのなら、それは実に幸いなことです。

　是非、この事実を、これからの研究、学び、生活に生かしてください。

▶▶▶ 生態心理学とアニメーション

公園の遊具が可能にする行為
——アフォーダンス

　これは、とある公園にある滑り台です。滑り台に見えないかもしれませんが、滑り台です。2枚目の写真を見ていただければわかるでしょうか。細いですが、両脇に滑る部分が見えます。

　これを後ろ側から撮影すると、滑るために登る階段状の場所が見えてきます（3枚目）。階段のような場所とは言え、何やら丸いへこみのようなものが付いているだけですね。この先に先ほどの滑り台がつながっているわけです。

　しかし、ここまで説明されなければ、この巻き貝の貝殻のような対象がまさか滑り台であるとはなかなか気付けないのではないでしょうか。

　その理由は、滑り台としてデザインされている部分とは全く関係のない、貝殻の部分に子どもがたかっているからでしょう。彼らは、この対象を「滑り台」としては使っていないのです。いや、滑るものではあるのですが、本来意図された滑る場所ではない場所で滑っているの

第8章　アニメを見たい、作りたい

です。

　彼らは、巻き貝の貝殻の部分に、滑ることができるという行為の可能性、滑るアフォーダンスを発見し、利用しているのです。この部分は滑りやすく、座ったり寝転んだりするには安定していませんが、十分に大きくなった子ども、あるいは私のように成熟した大人には、この貝の巻いている部分は「座ったり」「寝転んだり」することを可能にする行為の資源、意味を持っています。

　ところが、近くの保育園の園児たちが散歩の途中で立ち寄っているときには、子どもたちはこの対象を「滑り台」にしか使っていませんでした。

　このとき、保育士の方々がそれを誘導していたのが気になりました。果たして、この対象を見て、保育園児たちはどんな行為が可能だと知覚したでしょう。

　この対象には、保育園児が通ることができるような穴が空いています。この対象の内部は空洞になっており、そこに隠れたり、遊んだりすることのできる場所もあります。最初の写真にあるように、巻き貝の貝殻の上に寝転ぶこともできるでしょう。しかし、保育園児たちは保育士の指示に従って並び、1人ずつ順番に滑り台を滑り降りていました。それしかしていませんでした。

　保育士たちは「これは滑るものだ、このデザインの通りにするのが正しい使い方だ」として、可能な行為を1つに限定してしまってはいなかったでしょうか。

　この対象は、滑り台の機能を持ちつつ、それ以外の様々な行為を可能にする意味、価値、資源を持っています。穴をくぐれるくらいの身体の大きさであれば、穴をくぐって隠れることのできる隙間に入り込んで遊ぶこともできます。そこを秘密基地のようにして遊ぶこともあります。貝殻の部分にはたかったり、座ったり、滑ったりと、実に様々なことができます。

　確かに保育園児のような小さい子どもにとっては危険な場所でしょう。しかし、貝殻に座りたい子どももいたかもしれません。そんな時、周りにいる大人はどうするでしょうか。危ないと注意し、やめさせるでしょうか。それとも、危ないから一緒にいてあげるね、と言って貝殻に座らせ、滑らせたりするでしょうか。

　子どもたちが遊んでいると、そこには関係する大人たち、親たちが集まってきます。犬の散歩の途中にこの公園に立ち寄り、時間を過ごしつつ他の

大人たちと会話をする大人もいます。そうやって、子どもが遊んでいるこの対象のまわりには、大人たちも集まって来ます。そしてそこでコミュニケーションをとるようになり、次第に1つの共同体を作るようにもなるかも知れません。

　このような、豊かな意味を持つ対象がそこにあるだけで、子どもも、大人も、そのまわりに集まり、1つの共同体を作ることがあるわけです。

　それはまるで、林の中にある巨木に子どもがたかるように、また、山の中にある岩に子どもが集まって遊ぶようになっていくように、人を惹き付ける「力」があると言っていいでしょう。

　それは、ヒトが共同体を作るのに必要な意味、価値、資源、つまり対象の性質と動物の行為に資源となるアフォーダンス、共同体を作るアフォーダンスを持つ「特別な意味」を持つ対象となり、「鎮守の森」の「御神木」や、神のおりる台座などとして祀られる「御神体」となるのかもしれません。

　それに比べると、ヒトが作る街並みには、意味も、価値も性質も、通り一辺になっていることか、と、そんなことを思います。中に入れば、そこで暮らすことができる様々な資源を持っているというのに、その外見は何とも「貧しい」ものです。

　もっと豊かな意味を持つ対象を作る。それだけで、街に暮らすことは楽しくなる。共同体も、雰囲気も変わる。そんなことを思うのです。

| 特別 対談 | 作品の舞台に観る者を招き入れる

――アニメーションの見方の「新しい尺度」をさぐる

片渕須直監督×佐分利奇士乃

● 宮﨑アニメの「風」はリアルか――生態心理学から考える

片　渕　私が佐分利さんから伺ったお話で、最初にとても関心を持ったのが「風」のアニメーションとレイノルズ数の話でした。この２つに一体どんな関係があるのかと。

佐分利　私の専門は、ジェームズ・ギブソンという人が創始した生態心理学と呼ばれるもので、これをアニメーションの作り方や動きと結びつける研究をしています。それも、印象や想像について論じるのではなく、風を描くことを理解するなら流体力学が重要だ、という視点で研究しています。

　レイノルズ数（本文80ページ参照）の面白いところは、数の大きさ、風で言えば、風の強さと風が作る形がダイレクトにつながっているということです。例えば、「髪の毛の房を持ち上げるだけの風」、「髪の毛を緩くたなびかせる風」、「髪の毛が大きく激しく舞う風」など、異なる「風の形」が風の強さに直結するということです。風が作る形を見れば、私たちは風の強さや風が当たる物の大きさを大まかに知覚できるのです。

　レイノルズ数が「風のアニメーション」を描き分ける根拠になる。それが私の発見でした。

　宮﨑駿さんは風になびくものをすごく軽くし、空気の「粘り気」を小さくしてしまいます。その結果、ものすごく強い風に見える大きな動きの風であっても、さわやかな風になってしまう。

片　渕　その話を伺ってすごく面白いと思ったんです。アニメーション制作において、印象ではなく、おっしゃった言い方で言えば風の粘り気のようなものを定量化して数字で語れるかもしれない。それができたら作画の根拠がすごく明快になり、表現の良し悪しを語る根拠となり得るのではないか。

　僕は副業みたいな感じで飛行機の歴史を調べたりもしてるんですが、風洞実験では飛行機の何分の１かの模型を作るのに対し、同じように縮小できない空気の密度や風のスピードなんかのスケールをどうするのかという問題が存在してます。そこを埋め

るために使われるのがレイノルズ数です。つまり、佐分利さんが言われるような話にレイノルズ数が絡んでくるということは、ある種のスケール感みたいなものとも関わることになるのだろうな、という印象を抱きます。

佐分利 そうですね。風洞実験をすれば確かに空気の流れが明確にわかりますが、調べたいものが大きいと、装置が大きくなってしまう。そこで、レイノルズ数を工夫する。レイノルズの相似則では、レイノルズ数が同じであれば、風の様相は同じになる。だから、小さな模型でも、レイノルズ数を同じ大きさにすると、大きな風洞実験と同じ流れの様子を見ることができるわけです。

　アニメーションを観る時も同じで、映像の大きさが変わっても、風が作る形が同じならば同じ速さの風を感じることができる、と考えました。そうすると宮﨑さんが作っている風は、やっぱりファンタジーなのだと思ったんです。

片　渕「表現主義的なものとしてリアルな物理現象としての風とは違うものを描いている」ということですね。

●アニメーターが「発散」できるか、できないか

佐分利 動きがファンタジーになるという意味で言うと、アニメの「走り」を見て、バイオメカニクスの研究と照らし合わせてみたんです。例えば、宮﨑駿監督などが用いている走りの作り方は、原画2枚の間に動画を2枚ずつ入れる、「2コマ中2枚」で走るというものですが、描かれた身体の動きから速さを計算すると100メートルを12秒半で走ることになる。

片　渕 ここでもまた、空想上の理想を動きとして絵にしている。
以前読んだ評論の中に、「ディズニーのアニメーションが盛んに行うキャラクター・アニメーションは卑近な現実から逸脱できていない、一方で大ジャンプで塔から塔へと跳び移る『カリオストロの城』の作画は現実を超越しようとしている」というものがありました。そういう評価基準はあっても良いと思います。現実から飛び出すからこそ、アニメーションでやった意味があるのだと。

　五味洋子さん（アニメーション研究家。かつてはアニメーターとして活躍していた。『未来少年コナン』の動画に携わる一方で、アニドウの「FILM1/24」の編集を担当）が、『この世界の片隅に』は作画がすごく良くできているけれど、あれはアニメーターが「発散」できないのではないかという言い方をされていました。

佐分利 自分が到底できない動きを作って、思うように動けない不満を「発散」したくても、できなさそうだと。

片　渕 しかし、もっと最近のアニメーターである安藤雅司くん（『もののけ姫』『君の

> **特別対談** 作品の舞台に観る者を招き入れる

名は。』の作画監督）と対談した時に、彼は「日常の動きを描くことでアニメーターとして十分満足できる」と言っていました。そんなふうに動きを作る人たちが求めるものも、必ずしも同じではないわけで。

アニメーターにせよ視聴者にせよ、アニメーションの動きに求めるものが複線化していて、単純にどちらが優れているということではなく、「どちらもあり」ということになってきています。だからこそこの際、カテゴライズにあたってのある種の基準は必要なんじゃないか。そんなことを考えていた時に佐分利さんからレイノルズ数の話を伺って、これはその1つになるのではないかと思ったんです。

● **アニメーションの演出家は知覚のリアルをさぐっている**

佐分利 形が定量化につながるという話ですが、生態心理学ではしきりにその考え方が使われます。

生態心理学で挙げられる例に、カツオドリの狩りの話があります。彼らは魚を獲るために空中から海に突っ込むのですが、その衝撃をどうやって小さくするか。海面スレスレのところでシュッと形を変えてドボンと海中に入る。では、その瞬間とそのときの体の形を変えるタイミングをどうやって判断しているのか。

この判断規準として、τ（タウ）という、衝突までの時間を知覚できる数が、生態心理学で提唱されています。これは、目の前で拡大していく表面の肌理の拡大率だけで、その表面に衝突するかどうかや、衝突するまでの残り時間が分かるのが面白いところで、これが実は知覚の面白さなんです。

こんな例もあります。目の前の段差を人はどのように乗り越えるか。生態心理学の研究によると、足の長さの7割より低い対象物だと、手を使ってよじ登らず足をかけて上がるけれど、それ以上の高さになると手を使って登る。

片渕 目で見て判断しているということですよね。足をかける前に。

佐分利 そうです。それを、大きさを測るのではなく、「自分の背の高さの何割か」という基準で判断しているので、何センチという単位が付かない。レイノルズ数もそうですが、「単位がない数字」であることが重要です。

片渕 無次元数ですね。

佐分利 知覚において、測る必要が無い、見て、触ってすぐわかる数、性質です。自分の身体を動かす時とか、風にあたる時の動きとか力の基準は、測定ではなくて自分の身体との比で表せる。風の力は形でわかる。となると、それは脳の中にある基準ではなくて、「脳の外」にある基準です。つまり生態的（エコロジカル）なんですね。最初から「頭の中」に測定値として基準があるわけではない。

――アニメーションの見方の「新しい尺度」をさぐる　　　　　片渕須直監督×佐分利奇士乃

片渕　アニメーションの演出家はそれを吟味しなければいけないわけですが、実際には、そういう基準を知らず知らずに当てはめて判断しているような気がします。つまり経験則ですね。例えば、鉛筆の線で描いた四角い形があったとして、でも、それはこれぐらい重い物のつもりなんだから、片手で持ち上げるのは無理で、もう片手を添えて、腰もちゃんと落としてやらないと「嘘っぽい」、という判断を日常的になっているわけです。あくまで目分量で。

　そんなふうに、重さだとかそういった「絵には描けない尺度」が、目で見える形になって現れた説得力のある「絵」「動き」になっているかどうかを判断するのがアニメーションの演出家です。その意味では、佐分利さんがおっしゃったことは、たぶん我々がいつもやっていることなんでしょう。

佐分利　いざ、アニメーションを作品として作ろうとする時には、考えてそれを設計しなければいけなくなると思うのですが、いかがですか。

片渕　僕の場合は自分の中にある感覚の記憶に頼っているような気がします。それを尺度にしています。外のものに頼らず、自分自身の感覚のみに頼らなければならないのだから、ある種の「境地」であるみたいな感じもしますね。

佐分利　私たちが生まれてこのかた、ハイハイして、立ち上がって……という時間をずっと過ごしてきています。見ただけで分かるという段階、おっしゃった言い方で言うと境地にならないと、私たちの身のまわり、生態心理学では「環境」と言いますが、その中で私たちは動くことができません。

片渕　さっきの「発散できる動き」という話に戻れば、実際の世界の中で蓄積されてきた経験的な感覚を逸脱することによって現実を凌駕する面白さを生む、それこそアニメーション独特のものなんだという主張もある、ということでしょうね。

　もし、現実を超えていくこと「だけ」がアニメーションの魅力だと言うなら、『この世界の片隅に』で僕のやっている表現は異端ということになっちゃうのかもしれません。ちまちまとした、でも「ああ、本当はこうだよね」という動きを作り出したい。そうした作品づくりに参加してくれるアニメーターには、いつもとは違う種類の動きを作ることになるのだということを理解した上で臨んでもらいたい。こういう表現上の立場の違い、いろんな表現の種類があるんだということを明確な言葉で示せればな、とは、かねがね思っていました。

● 『未来少年コナン』の葛藤

佐分利　東映が『ホルス』を作った、高畑さんが『ハイジ』を作ったというのは、その後のアニメーションを左右する事件でした。動きがリアルになりましたし、特に『ハ

| 特別 | 作品の舞台に |
| 対談 | 観る者を招き入れる |

イジ』は、日常生活の動きの魅力を発見した作品でした。

片　渕　そう思います。

『ホルス』の作画監督・大塚康生さんはダイナミックな動きを作るのを得意とするアニメーターですが、意外と言ってはなんですがリアリストです。『未来少年コナン』は宮﨑駿演出、大塚康生作画監督だったんですが、２人のあいだで考え方が合わなかったところも少しあったそうです。大塚さんから聞きました。

佐分利　宮崎駿の設計した幼児の走りで現実にはありえないのが、走る時に、後方へと蹴った足があっという間に身体の前の方へ完全に振り切ってしまうことです。子どもは、実際には、片渕監督の『マイマイ新子と千年の魔法』の光子のように走ります。まだあの年齢くらいの子だとうまく歩けないので、ちょっとバランスを崩すとすぐに足をドンとついてしまう。うまく歩けないから、ドタバタと下手くそに走るんです。

片　渕　走りの中に現れるいわゆる「空中ポーズ」をどうするかということですね。

佐分利　空中ポーズというのは、両足が地面から離れている時の身体の様子ですね。

片　渕　イギリスの写真家、エドワード・マイブリッジがいろんな分解写真を撮っていますが、その中に幼児の走りがあります。それを見ると確かに空中ポーズがあるのですが、あれほど大きく脚を広げているところは無い。でも「空中ポーズ」が入ることによって幼児っぽくなる。体重が軽い感じがするからです。もっと現実離れして体重を軽くしようと思ったら、もっと股を広げてもっと高く飛んで、ということになっていく。

佐分利　重力が小さいですね。

片　渕　アニメーションの表現の中では、レイノルズ数が大きかったり小さかったりするように、重力も大きかったり小さかったりする。

　僕も若い頃はもっと躍動的な方がすごいと思っていたし、今でも時々やってみたいと思います。でも、ふだん自分たちが感じている重力の感覚をそのまま表現できたら、それも面白いというのが最近の僕の考え方です。重力やレイノルズ数がリアルなものとして活きている動きにしたい。そういう尺度で作られる作品もあってよい。

●芝山努さんは自在なリアリスト──『ちびまる子ちゃん』から『巨人の星』まで

佐分利　リアリティの作り方の問題ですね。片渕監督の作品で言えば『BLACK LAGOON（ブラックラグーン）』『マイマイ新子と千年の魔法』『この世界の片隅に』、それから『アリーテ姫』といった、演出の味付けや雰囲気、リアリティが違う作品がありますね。

片　渕　『ちびまる子ちゃん』の演出をやっていたこともあるのですが、そのとき一緒

に仕事をしたアニメーターの人が、たまには違う傾向の作品をやりたいと言って『アリーテ姫』を手伝ってくれたんです。その人は「関節がある人間を描きたい」と言っていました。

『ちびまる子ちゃん』の場合、登場人物の腕には関節が無く、曲線で曲がるんです。それでいながら、ご飯を食べたりとか、一見日常的なものが入ってくる。そこが『ちびまる子ちゃん』が面白いところです。『ちびまる子ちゃん』の最初のシリーズの監督で、表現のレールを敷いたのは芝山努さんでした。芝山さんは昭和16年生まれで、宮﨑駿さんとほぼ同い年です。

『ちびまる子ちゃん』はパースペクティブが全くない平面の世界です。そんな中で日常的な生活空間を表現しようとした。でも芝山さんは全然違うものも描ける。『ど根性ガエル』も『ドラえもん』もやっていたし、『まんが日本昔ばなし』の中にも芝山さんが作ったエピソードがたくさんある。『まんが日本昔話』は、1本1本が別の作品で、別の尺度を持ち込むことができる。その自由度を求めて、芝山さんはそれぞれの作品を実験的に作っていた気がします。芝山さんは『巨人の星』にも参加しています。『巨人の星』はリアルな等身大の人間も出てくる。

芝山さんはいろんな尺度をもって、明らかに作品ごとに切り替えて使っている。そういうふうに切り替えられる作り手というのもなかなかいいなと思います。1回1回、違う表現に挑む楽しさが作り手の中に湧いていて、それがルーチンワークではない、魅力的で刺激的な表現を生む。

先ほどお話したように、初期の『ちびまる子ちゃん』は全く平面的で、まるで展開図のような背景の描き方をしていました。教室でも机があったら手前から奥まで全部同じ大きさの机が並んでいる。普通は奥行きがあって奥の方は小さく見えるはずなのだけれど、意識の切り替えとして見事です。

● 『わんぱく王子の大蛇退治』──「奥行き」を「動き」で表現した画期的作品

佐分利 今のパースペクティブのお話ですが、通常、絵を描く際に使われる遠近法を私は「人工遠近法」と呼んでいます。あれは間違いですね。

片　渕 絵を描く際に使う遠近法は現実に照らすと間違ってますよね。目の前の線路が、右を見たら消失点に集まっていて、左を見たらこれも消失点に集まっている。だのに、真ん前を見たら平行に走っているって、おかしい。

アニメーションの表現史の中では、遠近感を画面の中に持ち込むために、マルチプレーンカメラが使われたことがありました。この撮影台はかなり大掛かりなもので、僕も扱ったことがあるんですが、その割りに実はそれほどたいした画面効果が得られない。日

| 特別対談 | 作品の舞台に観る者を招き入れる |

本でも昭和30年代に東映動画がマルチプレーンの撮影台を導入したのですが、当時の技術では機械の動作に精度的な問題があり、思ったように動かなかったようです。

その同じ時代に、大塚康生さんは、『わんぱく王子の大蛇退治』で縦の構図を非常に頻繁に使い始めていました。手前から奥へと人物を配置して奥行きを作るだけだったら撮影的な処理で作り出せるのですが、『わんぱく王子の大蛇退治』での大塚さんの作画は、奥の物がガーっと手前に出て来る動きを作った［カラー口絵⓭］。つまり「動きで奥行きを表現する」ということをやってのけたんです。それは大塚さんがマルチプレーンを要らないものとした瞬間だったのだな、と思いました。空間の中の物が動けば、そこに空間が生まれる。作画の動きが空間を作り出した。それが大塚さんの画期的なところだったと思います。

大塚さんはその後も多くの作品に携わっていますが、やはり縦の構図がすごく多い。例えば、人物を胸から上だけ、つまりバストショットで描く時、普通なら人物は画面の中で固定されるのですが、それが大塚さんの手にかかると、奥へのけぞったり、手前へのめったり、身体が前後に動く。そのため画面に奥行きが生まれ、空間が発生する。絵は平面に描かれるもの。その中に空間を作り上げる。これもまたひとつの「表現主義」なのだなあと思います。

佐分利 人工的な遠近法ではなく、私たちの目と脳のシステムに近い、遠近感としての空間を作ってしまったわけですね。

片渕 厳密に言うとパースペクティブに合っていないのではないかと思いますが、それよりも何よりも、奥にあった小さな物が手前にワーっと迫ってきて大きくなってくる。その動きが作る印象が画面に空間を与える。

佐分利 冒頭で触れたタウというのは、近づけば近づくほど拡大率が大きくなり、正確に衝突までの時間がわかるようになるという性質があります。遠くにいる時は近づいてくる感じがあまりしないのですが、近くに来るにしたがって一気にドーンと来る。

●アニメーションには実写と異なる尺度が求められる

佐分利 デジタル処理でコンピュータが入る前の方が、みんないろいろと工夫をしていたのかしら。

片渕 でも、どこかの段階から、きちんと定量化されたパースペクティブを基に描くことが重厚なリアルな画面を作るのだという方向性になってきました。かなりリアルに、現実に近い印象を持つものを描こうという方向性が強くなってきています。そうした機運が拡大しつつあったときに、アニメーションの様々なデジタル化が同時に起こった。コンピュータの中でデジタルが３Dで作り出す空間とカメラワークが、リアル

佐分利 これまでのCGだといわゆる遠近法で、まっすぐに線を引いて消失点を作って、という手法です。グリッドをきちんと作ってそこに当てはめていく。でも、それは人間の目に見えているものではないことに気付いてきた。そのパースのグリッドを歪ませるところまでいくと、もっと広がるかもしれませんね。

片渕 広がるかもしれないけれど……

佐分利 気持ち悪くなるかもしれませんね。

片渕 そうなんです。より実写に近くなって、でも実写ではなくて「絵」なのだから、実写ではないものがそこにあるという違和感が生まれます。

　手描きのアニメーションで1コマ打ちで作画する時、うまくやらないと奇妙にヌルヌル動く印象のものが出来てしまう。1コマにしたことで実写と同じような動きなのだなという期待が働き、でも実写には本来存在しない中割りが入った動きなのを見て、違和感を感じる。

佐分利 私は粘土で作られたアニメーションでよく使われる、生命感の無い変形のような「ニョロニョロ」した動きが苦手です。生き物の動きだと知覚できないと、酔ってしまう。

片渕 現実にはこう動くだろうと予期しているものと違うものを見せられるので、強い違和感が支配的になっていく。

　今の話は重要で、結局、アニメーションには実写とは違う尺度が必要なのは間違いないということです。絵で描いて作り出す画面であるだけに、実写と同じになってはいけないところが確実に存在する。まあ、そこを探していくのがアニメーション作りの醍醐味でもあるのですが。

●形の無い「かぐや姫」がそこに見える──表現主義へと至るリアリズム

佐分利 高畑さんの『かぐや姫の物語』のなかで、かぐや姫が走るシーンがあります［カラー口絵⓮］。1コマごとに絵を観てみると、どの一瞬をとっても何が何だかさっぱり分からない。人の形をしていないんです。でも何故か、それが動いているアニメーションを観ると疾走しているかぐや姫が確かに見える。

片渕 知覚心理学の先生たちが、よくアニメーションを研究するのだといって「オバケ」をテーマにするのですが、これはアニメーションの現場では実際にはそんなには使われない。アニメーションが求めるものがどんどんリアリズムに近づいていく中では、オバケという表現主義的なものは使いどころが難しいんです。この場合の『かぐや姫』の動きこそ、オバケの積極的な利用なんです。どの一瞬をとっても人物らしき形が描

| 特別対談 | 作品の舞台に観る者を招き入れる |

かれていないのに、かぐや姫が確かにそこにいる。

　高畑さんが『セロ弾きのゴーシュ』という作品を作った時、これが60分しかないので併映する映画がないと興業にならない。それで配給するために何か併映作をと考えて、ユーリ・ノルシュテインの『霧の中のハリネズミ』を日本に紹介した。高畑さんはそこで出会ったノルシュテインの表現主義に、ものすごく憧れたんですね。

　これはかなり根深いことです。高畑さんは絵画や音楽がすごく好きな方で、その中で作家がどんな仕掛けを施しているか、常に意識されていた。止まっている絵画の中にも、その片隅のここだけは動いている何かが描かれている、ということが高畑さんの視点から見るとすごく大事だった。そうした目を持った人が感じる喜びがアニメーションの動きの中でも実現できたのが、かぐや姫が疾走するシーンだったのだと思います。

佐分利　あれだけ無茶苦茶な絵で動きを作っているのに、「かぐや姫が疾走している」ことがリアルに伝わる、それが監督のおっしゃるところの表現主義でしょうか。そうだとすると、生態心理学にもよく当てはまります。そこに、本物の「疾走する人物」の動きの性質、特徴がある。動けば動くほど、かぐや姫の疾走そのものを実感できる知覚情報、これを「動きの不変項」と言いますが、これがこのシーンにはある。そこに本物の「かぐや姫」の「疾走」が確かに存在している。一見リアルでないものが、動かすとリアルになる。この表現主義こそ、アニメーションのリアリズムですね。

●注視しないで、変化や異変を見る

佐分利　ところで、個人的にですが、ちょっと前からやり始めた実験というかトレーニングがあります。じっと見ないで動きを見ることができるか、という試みです。

片渕　注視しないで、ということですか？

佐分利　そうです。私は今、片渕監督の方を向いてお話をしていますが、私の目の端のところで、編集者がペンを走らせているのがちらっと見えている。卓球の伊藤美誠選手は、相手選手の細かな表情や動きを見ながら、目の端では球筋と動きを捉えて、そこにどうラケットを出して球に当てるかを決めている。

片渕　動態視力が高いというのは、そういうことではないかという気もしますね。

佐分利　私がやっている実験は、街中で車を見ながら、今、待っている信号が変わるのを見ることができるかということです。案外練習が必要ですが、見えてきます。

片渕　うちの妻が車の免許を取ったばかりのときに、バックミラーの見方がよく分からないと言うので、バックミラーを注視したら駄目なんだと言ったことがあります。一瞬だけちらっと見て、そのときに異変があるかないかの印象だけを見ればいいんだって。

佐分利　予想もしていなかった動きがパッと起こると、私たちは自動的にそちらに目

——アニメーションの見方の「新しい尺度」をさぐる　　　　片渕須直監督×佐分利奇士乃

が行く。

片渕　そういう意味では、周辺視がある種のセンサーになるというのは分かります。精度がないからぼやっとしか分からない。でも動いていることだけが分かる。普通、その視野の中ではあるはずがないことが起こっているという印象は捉えられると思います。

佐分利　私の師匠である生態心理学の佐々木正人先生はいろんなアスリートにインタビューをしていますが(佐々木正人『時速250kmのシャトルが見える——トップアスリート16人の身体論』光文社新書)、動態視力が一番いいのは卓球の選手だということでした。しかも、相手選手の身体、ラケットの角度と動きについて、4回か5回先ぐらいまでの球のラリーの動きを設計してかかるので、すごく頭が疲れるのだそうです。

片渕　「動態視力の将棋」をやっているわけですね。

● 演出家の脳の使い方、アニメーターの脳の使い方

片渕　アニメーションの動きの設計も、ごく細かな心配りが必要な作業でありつつ、ラリーの応酬みたいなところがあります。それを1日中やらないといけないのは、結構しんどいです。アニメーターの人たちには、いったん動きを決めた後に、それを1枚ずつの静止画に整えていく時間がある。僕は演出家だから、そういう人たちが描き上げてきた絵が動きとしてうまくいっているかをチェックしてばっかりで。この作業をする時には横で音楽が鳴っていると駄目です。自分の中で作っている時間軸がほかの音で乱されてしまうんです。別の時間軸をもった音楽が耳に入ってくると、原画の動きの吟味ができなくなる。

　ところがアニメーターたちはいったん動きを設計して、あとは何枚も絵を清書する段では、音楽を一生懸命聞いていたりする。その辺が演出家は全く生態が違います。さきほどお話したアニメーターの安藤雅司君は、監督の仕事もするようになって、そうしたら急に、仕事中に音楽が鳴っていたら駄目になったと言っていました。

『奇跡の脳——脳科学者の脳が壊れたとき』(新潮文庫)という本があります。脳生理学者の女性が脳内出血を起こして、自分の症状を観察して綴ったものです。彼女は左脳が出血して、時々使えるようになるけれど、駄目になっている間はロジックと時間軸、それから識字能力がすべて一斉になくなってしまう。ロジックが失われると時間軸がなくなったというのがすごく興味深かった。時間軸とロジックは脳の同じ側、左脳でコントロールされているんで、関連してるのかもしれないですね。

　もうひとつ、とても興味を引かれたことがあります。左脳が駄目になっている間は幸せだったと書いてある。ロジックと時間軸がなくなると、ただ幸福だけが訪れてくる。それは右脳の効果なんですね。右脳的な部分をどこかで持ち込んでいるのがアニメーショ

> **特別対談** 作品の舞台に観る者を招き入れる

ンで、最初の話に戻れば現実を逸脱した面白さはつまり右脳の喜びなのではないか。

佐分利 その代わり、左脳はこれはおかしいぞと言い続けることになりますね。

片渕 「おいおい、その動き、ロジックにあってないぞ」とね。葛藤です。

佐分利 まさに葛藤ですね。でも、例えば読むことも見ることも聞くこともやめて、ただ受け入れるという境地になった時には、先ほどの気持ち悪い動きもすっと入ってくるんでしょうか。

片渕 海外のアートアニメなどは、意外と本当にロジックでできている場合が多いんですが、僕が気づいた範囲では、実は日本の短編アニメーションには、そういった非ロジカルにぐるぐる動く様を延々と見せる作品が時々出てくる。そのような作品は、案外、快楽原則的に作られてるのかもしれないですね。

佐分利 そうした表象を、イメージ的と記述してらっしゃる方もいますが、イメージというと、話が広がりすぎて茫洋として掴みどころがなくなる気がするんです。

片渕 よく広告に「この写真はイメージです」と書いてありますが、あのイメージというのがよくわからない。だって、写真はそもそもイメージでしょう(笑)。

●物の表面にはそれぞれの「肌理」がある
──制服を描き分けた『マイマイ新子と千年の魔法』

佐分利 頭の中に「イメージ」、別の言い方では「表象」を作って、それを脳が情報処理して知覚や認知が成立するという考え方は根強いです。

ギブソンは反表象主義で、目の前にある物を知覚しているのだと言いました。私もそう考えています。見た物を脳で処理してイメージや記憶にして吟味するのではない。見て直接情報をつかむことで、特に変化や動き、異変をつかまえることで環境を見ていると、私は思います。見た物を脳の中でイメージにして……など処理しながら次の映像を見るというのは不可能だと思います。

ギブソンは自身の考える知覚を「直接知覚論」と呼んでいます。直接知覚といっても、外にあるものがそのまま見えるということではありません。外側にある「生態心理学的情報(インフォメーション)」をつかまえるんです。

例えば、今、私の目の前にコップがありますが、その表面=「肌理」が、コップの表面であるという意味を持っていて、その意味が情報になって目に入ってくる。それを伝えてくれるのが、「環境」を満たしている、私たちの目にありとあらゆる方向から集まってくる光=「包囲光(アンビエントライト)」です。その中に対象物の表面の情報が入っている。それを目で受け止めて、その情報を直接知覚するのだという主張です。

ギブソンは、環境のとある場所に眼を持った生き物がいて、そこに四方から集まっ

てくる、眼を取り囲んでいる光、包囲光があると言ったのです。

　この包囲光は、環境中にある物の表面からやって来る。これは、私の家で飼っているネコの写真ですが、ネコの周りの表面も見える。床の性質を持った光が包囲光の中に埋め込まれて眼に入ってくる。猫の毛並みからも入ってくる。ネコに思い切り近づいて撮影すると、ネコの毛並みと肌の写真が撮れる。スウェットに近づくと布地のメッシュが撮れる。

　このように、それぞれの物の表面には独特な性質（これは対象を特定する「不変項」です）があり、それが何の表面なのかを特定しています。そしてその独特な性質＝不変項の情報を埋め込まれた包囲光が眼の中に入ってくる。これが、ギブソンが主張した視覚の基本です。

　でもアニメーションでは全部、色彩やタッチで描き分けるしかないように思うのです。『マイマイ新子と千年の魔法』でも、みんなが着ている服装の材質が違いますよね。その違いを描き分けるのに、どんな工夫をされるのでしょうか。

片渕　あの作品でいいますとね、本来子どもたちは学校の制服を着ていると全員同じ色の服になるはずで、でも、それでは画面が面白くないし。うっかりすると子どもたちがわらわら集まった画面では、ベタっと１色になってしまう。ではどうやって違いを出すか。例えば洗いざらしの部分は色が抜けて表面がガサついてつや消しになっているから、同じ紺だけれど白っぽくなる。その度合いを何段階か設定して、クラスの人ごとに決めました。

　だから、佐分利さんの言われることはよく分かります。ネコの表面とスウェットの表面の違いに近いことを僕らも作っている。ツヤ消しっぽくしたことによって、そこは布でできているんだなという感じ、印象を出す。

●風景の中に「居つく」――「坂が多い街」呉と『この世界の片隅に』

佐分利　今おっしゃった「印象」を、生態心理学の言葉で言うと情報になります。

　生態心理学で環境そのものや環境中の対象を見ること、あるいは、そこで生き物が自分の身体を使って行為することを考える時、科学や数学の見方を使います。いわゆる心理学とはそこが大きく違います。この視点は環境内の物の配置をどうするかなど、住環境を考える時にも力を発揮します。

　「環境（エンバイロンメント：environment）」というのは、新しくそこに行った時には不案内なものです。例えば『この世界の片隅に』で、すずさんが広島県の呉市に最初にお嫁にいった時、まだまだお客さんです。周りに何があるかも分からない。家族にもなれていない。呉が自分の街になっていない状態から始まって、だんだん呉の街

特別対談 作品の舞台に観る者を招き入れる

が自分の街になっていく。

　こういう事態を指して、ギブソンは「オリエンツ (orient)」という言葉を使ったんです。この言葉は「定位する」と訳されていました。私はこの訳語にずっと違和感があって、英英辞典で調べてみたんです。そこに「居つく」という意味があり、それで腑に落ちました。

　呉の街だったら、どこに何が建っていて、火の見櫓はこんなところにあってということが、呉の街中のどこにいても分かる。どっちを見れば何があるというのが全部分かる。そうなると、街の中のありとあらゆる場所の情報を同時に使える状態です。ギブソンはそれを「(居ついた環境の)あらゆる場所に同時に自分がいることだ」と言ったんです。そうなると、その人は自分の住処、環境に居着いたことになる。

片渕　なるほど。『この世界の片隅に』では、いわゆる「同ポジ」をたくさん使いました。同じ場所が何回も出てきて、それらが同じカメラアングルで捉えられている「同ポジション」。それが昼だったり夜だったり、夏だったり冬だったりするけれど、基本的構図は変わらない。そうすることで、観客自体を風景の中に定位させる。佐分利さんの言葉で言えば居つかせる。同ポジを多用することで観客の中にオリエンテーションを作り、世界の中にいざなっていくんです。

　昔、『名犬ラッシー』の1話のとき、スタッフの間で試写をしたら、「街のどこに何があるのか、どっちに行けばどこにいけるのか、1回観ただけでもう覚えられた」と言われたことがあります。主人公の家を丘の中腹に置いて、お父さんが働きに行く先を丘のてっぺんに置いたんです。下っていくと学校がある。左右の方向性はカメラがどちらを向くかによって入れ替わるけれど、上下はそうは裏返らない。それで坂道を使うと、おっしゃったオリエンツがすごく作りやすい。『この世界の片隅に』も呉の街が坂の多い構造だったので便利だったんです。

佐分利　自宅はどこにあるのか。どの電車に乗ってどこの駅で降りて、どう行けばどこに行けるか。それが見えてくると、アニメーションを観た時の没入感が全然違いますね。

● **スキンシップのリアルな表現**　——「協調」する2人の身体

佐分利　ところで、『この世界の片隅に』では髪を梳かすシーンが幾度か出てきます。特に気になるのは原爆の直前のシーン。径子さんが丁寧に丁寧にすずさんの髪を梳っていて、この2人の関係って、こんなふうになったのかと思ったんです［カラー口絵❾］。

片渕　髪を梳るシーンは3回あります。その都度、相手が違う。今、おっしゃったのは3番目のシーンです。すずさんの髪を梳かしてくれる人は、すずさんから見ると

心理的障壁がなくなった人ではあるわけですね。径子さんがそれを優しくやっているとするならば、一方で、それは亡くなったわが子への代償行為としてやっている、ということでもあります。

　すずさんの髪を梳かす役目は、最初はすみちゃんが担います。その次がお義母さん。すずさんが径子さんにひどいことを言われた直後にやってあげるんです。3番目が先ほどのシーンです。最初に原作漫画を読んだ時から、これはスキンシップについての物語なのだなと思っていました。相手とスキンシップをどういうふうにとれるかで、その人との関係が表される。『この世界の片隅に』を最初から最後までスキンシップだけに注目して観ていくと、それによって人間関係が明確に設定されているのが見えるようにできている。原作者のこうの史代さんが描いたのはそんな作品でした。

　しかし、アニメーションは絵ですから、描いても触った感じがしない。にもかかわらず、「たしかに触っている」感じにしないといけない。それがとても大事です。髪の毛を梳く時、梳かれているすずさんの身体も引っ張られて一緒に動く。そうした細かな動きが必要になってくる。アニメーションだと普通はやらないようなことであっても、そこにいる2人の関係が見えて来るようにあえてやってみようと考えました。

佐分利　髪を梳かされる時のすずさんの動きと径子お義姉さんの動きを見ていくと、すずさんはただ髪を梳かされている受動的な動きをしているのではないことが分かるんです。

　共同作業、協調というのは、互いに相手の動きと力の入れ方を知覚した上で、一緒に同じことを成し遂げようとして、ともに積極的に行為することです。受け身に見える人物も行為している。しかも、互いに相手の動き、相手の意図をつかみながら行為するので、そこにコミュニケーションが生じている。共同作業をしている者同士がそれぞれの意思を持ちつつ、コミュニケーションをとりながら、同じ目的を持って行為しているのが見えるから、その人の存在感がぐっと増すんです。

　協調するというのは、分析すると、とても複雑なことが起こっています。アニメーションで作るのも大変です。ところが自分で信頼する誰かと一緒に実際に協調して何かをやってみると、例えば相手の髪を梳かしてみると、協調する行為の複雑さを全く感じることなく、難なくできてしまう。それが互いの実在感を創り出し、心の持ちようを表す。ここが面白いところですね。

● 台詞ではなく、身体の動きで人間関係と心の動きを描く

佐分利　それにしても、先ほどおっしゃった、径子さんが我が子に対する代償行為としてすずさんの髪の毛を……というのは気がつきませんでした。

| 特別対談 | 作品の舞台に観る者を招き入れる |

片渕 その前にも、径子さんがすずさんに服を着替えさせる時に手をつないでいるシーンがあります。あれが2人の最初のスキンシップです。

でも、手をつなぐというのも、普通は大人に対してすることではない。この映画の中では、子どもと手をつないでいる場面が幾つかあります。それと同じように、径子さんがすずさんの手を引いている。明らかに亡くした子どもに対する代償行為としてやっているのだなと原作を読みながら思っていました。娘を失った彼女が誰かの面倒を見てあげることで自分が保てる。亡くなった晴美ちゃんの代わりにすずさんを今、思い始めている、扱い始めている。だとすると径子さんはもう、すずさんのことを自ずと許していることになる。スキンシップとその変化を描くことで許していることも示せるのではないかと考えました。

さらに、2人で共同して何かをやる場面も、原作にはなかったのですが、作りました。2人の関係を確固としたものにしていきたかったわけです。

佐分利 夕食を作る時の、台所での共同作業で準備するところ。

片渕 そうです。薪割りも共同分担作業ですし、お米を研ぐのもそう。ここでは対等に近い共同作業者として。意図的にそういうシーンを作っています。

佐分利 台詞ではなく、動きで人間関係を描く。スキンシップがその代表例ですね。こういったスキンシップのシーンが、言葉にはならないレベル、あるいは言葉以上のレベルで、2人の関係を見る者にダイレクトに伝える。

● スピルバーグの映画で気づいた「体温」の表現

片渕 実は、僕は『ジュラシック・パーク』を観てて、なるほどなあ、と思ったんです。リチャード・アッテンボロー演じる老人が行方不明になってしまった子どもを待ちながら、「ここへ帰ってきたらアイスクリームもあるのに……」と言うシーンがあります。そのときに、目の前のテーブルにかかっている赤いラシャのような分厚いテーブルクロスの表面を撫でるんです。ラシャの柔らかなテクスチャー感が、この人の心情とか温かみを象徴しているわけです。

同じ監督の『カラーパープル』という映画では黒人奴隷の女の子たちが手遊びをやっている。ここで示したいのもやっぱり体温なんだなと思ったんです。人間関係に大事なのは体温同士で接触することで、それはそのまま『マイマイ新子と千年の魔法』で使っています。

佐分利 「千年前の鍛冶屋さんがトンテンカン〜」という、手遊びの場面ですね。

片渕 主人公の2人、新子と貴伊子が遊んでいる場面ですね。麦畑で手をつないで走って、唐突に新子が立ち止まり、ここが川だったんだという話を貴伊子にして、と

――アニメーションの見方の「新しい尺度」をさぐる　　　片渕須直監督×佐分利奇士乃

いうところから、その次が手遊びのシーンにつながるのですが、このカットはせっかくなので、スピルバーグの『カラーパープル』からまるごと引用する形を採っています。

佐分利　生態心理学でも、人と人の共同作業を研究している方々がいらっしゃいます。ただ、数学や統計を使って測定して研究するのでは、行為の現場から離れてしまう感じもあります。それを避けるためにも、言葉以外の部分での協調の観察が必要だと思います。『リズと青い鳥』というアニメーション映画では、楽器の演奏で協調するのを描くことが、直接、人間関係を描くことにつながってきます。

　先ほどの話にもつながるように思いますが、音楽で調子を合わせる、呼吸を合わせるというのは、直観的な部分と、音楽とか時間というロジカルなところがうまくかみ合わないといけないのでしょうね。そう考えると、協調を描くというのは覚悟のいることです。協調している人物をうまく動かせず、その結果、違う動きになって間違った事実を伝えてしまうということはあるかもしれません。

片渕　『この世界の片隅に』で言うと、「ありこさん（呉や広島での「アリ」の呼び方）」の列を見る場面で、すずさんが晴美ちゃんと全く同じ動きをするところがあります。

佐分利　晴美ちゃんの方にすずさんが近づいていきますね。

片渕　一緒になって同じようにアリを見つめながら横歩きするでしょう。あの場面で言っているのは「嫁入り先に来たすずさんには、友達は５歳の女の子しかいなかった」ということです。

佐分利　まさに居ついていない。人間関係が全然できていない。

片渕　そうです。５歳の子だけを協調の相手としている。相手が大人の場合、やはり自分にとっては違和感がある、異質なものとして見ているんですね。

佐分利　映画の終わりには、呉という街の名前を、地元の人たちのアクセントで、尻上がりに「れ」の方を強く、音も高くして言うようになることも象徴的ですね。呉の街に居つくことができた。この作品は、いかにしてすずさんは呉の街の人になったかという話でもありますね。

片渕　その通りだと思います。

●ストーリーを追うのではなく、ディテールのリアリズムを見てほしい

佐分利　髪の毛を梳かす時に起きている身体の協調の動きから、人間関係や心の動きをつかまえる。こういう課題をまともに扱える心理学はなかなかありません。ルネソンという方が提唱した、動きがある時、必ず何らかの力が加わっている、そしてそのことを知覚できるのだという、「動きあるところに力あり」の原理（本文78ページ参照）についての話もそうですね。協調するときでもそうですが、動きがあればやはり力が

| 特別対談 | 作品の舞台に観る者を招き入れる |

かかっている。

片渕 本来はそうです。質量を動かすということですからね。

佐分利 だから、スキンシップとか髪を櫛る動きは重さが感じられるし、髪の毛の質、手が触っているという体温の話もできる。この2人は息が合っているということが動きの協調を見ただけで分かる。

片渕 アニメーションは絵だけでいろんなことを表現していかなければいけないので、本当に頭を使います。そのあたりを特有の言葉で言語化できる方もいるかもしれませんが。

佐分利 そういうのを捕まえて読んでいくのが生態心理学者であり、アニメーションの研究者である私のやるべき仕事と思っています。

片渕 僕たちはその意味ではいい標本ですね（笑）。

佐分利 ディズニーの最初の頃からと考えると、アニメーションの蓄積は本当に膨大です。表象文化論的なアニメーション論は数多く書かれています。それらを読んでいると、話の中心は歴史や政治です。そうした分析が可能であることは分かりますが、作品そのものはそういうことを描いていないのでは、という違和感をもつことが私は多いんです。

片渕 大事なのはリアリズムだと思っています。そこにある具体的なものに着目していくと、全然違う視点が開けてきますから。ふわふわした社会論で語るのではなく、実際の表現に着目して行った時、新たに見えて来るものがあるはず。

佐分利 見たものを言葉に直す。私の書く文章は、できる限りそういうものにしたい。それで最後に必ず言いたいのは、私が書いたものを読んで分かった気にならず、アニメーションを観てくださいということ。その方が分かりますから。そのための解説はしましたよという立場です。

片渕 佐分利さんのお仕事というか、ものの見方もまたリアリズムですね。「新しいアニメーションの見方の尺度」だと思います。

佐分利 ストーリーを追わないで欲しい。

片渕 その通りだと思います。ディテールそのものを見ていくと、逆にストーリーにたどり着けるはずですから。

佐分利 できれば、音を消してアニメーションを鑑賞してみて欲しい。

片渕 それは僕らもそうですよ。アニメーションの作品制作では、音を付けるのは最後の段階で、それまでは音なしで観つつ、画面に描かれたものの良し悪しを判断しているわけですから。

音は変な誘導をしてしまうので、良くない場合があるんです。例えば机をパシンと叩いた感じを出す時に、実際の絵では音がないのに、「バン」とか音を付けるわけです。ところが、絵では「ふわっ」とやっているのに「バン」と音を付けてしまったら、絵

が失敗しているのに誤魔化すことになる。ちゃんと叩いた動きのある絵になっていて、その上で音を付ける。むしろ、音の無い絵から、叩いた音が聞こえてくるような絵がまず先にあること。それが大事だと思っています。

片渕須直（かたぶち・すなお）

アニメーション映画監督。1960年生まれ。日大芸術学部映画学科在学中から宮﨑駿監督作品『名探偵ホームズ』に脚本家として参加。『魔女の宅急便』（1989年／監督：宮﨑駿）では演出補を務めた。ＴＶシリーズ『名犬ラッシー』（1996年）で初監督。ＴＶシリーズ『ちびまる子ちゃん』などの演出にも携わる。映画『アリーテ姫』（2001年）監督。ＴＶシリーズ『BLACK LAGOON』（2006年）監督・シリーズ構成・脚本。映画『マイマイ新子と千年の魔法』（2009年）監督・脚本。また、監督・脚本を手がけた映画『この世界の片隅に』（原作：こうの史代）は2016年11月に公開され、異例のロングランヒット作品となった。また、この作品は第41回アヌシー国際アニメーション映画祭長編部門審査員賞や、第21回文化庁メディア芸術祭アニメーション部門大賞など、多数の国内外の賞を受賞している。

佐分利奇士乃（さぶり・くすしの）

東京大学薬学部薬学科卒業。薬剤師免許取得。薬剤師として勤務しながら、東京大学大学院教育学研究科修了。博士（教育学）。専門は生態心理学とアニメーション。工学院大学教職特別課程にて中学校・高等学校教諭免許（理科）取得。本名・佐分利敏晴の名で、共著に『アート／表現する身体――アフォーダンスの現場』（佐々木正人編、東京大学出版会、2006年）が、共訳書に『ある日、クラスメイトがロボットになったら!?――イギリスの小学生が夢中になった「コンピュータを使わない」プログラミングの授業』（ヘレン・コールドウェル＋Ｎ・スミス著、学芸みらい社、2018年）がある。

映画
『この世界の（さらにいくつもの）片隅に』／2019年公開

- ■出演者：のん 他
- ■原　作：こうの史代『この世界の片隅に』（双葉社刊）
- ■監督・脚本：片渕須直

©2018こうの史代・双葉社／「この世界の片隅に」製作委員会

あとがき

　もう、何年前なのか忘れてしまったのですが、私は「一般人」として生きる望みを絶たれ、「明日」を失いました。

　私は、パート薬剤師として働きながら、東京大学大学院教育学研究科で生態心理学とアニメーションを研究していました。博士号を取得して大学院を修了した後、勤めていた薬局が閉店し、いくつかの薬局を転々として糊口をしのいでいましたが、ある日、薬局から解雇されました。私が抱えている精神的な病がついに身体を蝕み、いわゆる社会人として生活できなくなっていたのです。私は勤め人として生きることを諦めざるを得ませんでした。

　アニメーションと生態心理学を研究し書き上げた論文で頂いた博士号を生かせないまま、病と障害を抱えた身体を引きずりながら、私はしばらくの間、自分の人生の閉じ方を考え続ける日々を送っていました。

　私は、そのような片足を棺桶に突っ込んだ状態でありながら、それでもお気に入りのアニメを見ない日はありませんでした。時には感情を揺さぶられ、まるで頭をつかまれ引きずり回されるような気分になっても、気に入ったアニメ作品を見続けました。そしてそれを研究し続けました。

　そして棺桶に身体が入れられて燃やされる前に、自分がやってきたことを本にしようと思い立ったのです。明日焼かれるのも、45年後に焼かれるのも同じだ、と思うようにもなっていました。

　何かをこの「環境」に残したかった──。それが本書なのです。

　　　　　　　　　＊　　　　＊　　　　＊

　アニメーションに親しみはじめたのは、小学校に入る前からでした。小学校に入りたての頃、男子は『機動戦士ガンダム』に夢中でした。私もその影響を受け、『ガンダム』を見ていました。他にも『コン・バトラーV』や『タイムボカン』シリーズ、『ドラえもん』、映画では『幻魔大戦』『超人ロック』などを見ていた記憶があります。

　自分がアニメファンだということを自覚したのは、小学校6年生のときです。『風の谷のナウシカ』を観て衝撃を受けたのです。私は「ドラマ編」と呼ば

れる、映画の音声だけを収録してあるカセットテープを聴きながら、その当時販売されていた絵コンテ集を見て、どんな場面だったかを思い出しながら何度もそれを読み返していました。その頃、私は声優に憧れ、小学校の卒業文集では将来なりたい職業として「声優」と書いていたほどでした。

＊　　　＊　　　＊

　私は教育に関わりを持っていた両親の影響を受け、自然科学に親しみつつ育ちました。科学の絵本やマンガを読み、科学の楽しさに触れながら育っていきました。このことが私に1つの夢を与えてくれました。それは科学を紹介する楽しくて面白い絵本を書いてみんなに読んでもらうのだ、というものです。

　大学に進学するとき、私は薬学部を専攻として選び、そこで自然科学を専門的に学びました。薬を扱う上での基礎知識として、自然科学を専門的に学ぶことが必要だったのです。こうして私は、私の武器の1つ、自然科学の見方を手に入れました。

　しかしその一方で、学生生活は順風満帆とは行きませんでした。子どもの頃から悩まされていた喘息をきちんと治療しなかったせいで、大人になっても続いていたのに加え、大学4年生になりたての4月に神経症を罹患し、卒業研究のための実験ができなくなりました。私は英語の文献を翻訳し紹介することを卒論のテーマとして与えられ、その卒業論文を書いてほとんどお情けで大学を卒業したのでした。

　私は薬学部卒業の直前に国家試験を受け、合格し、薬剤師の免許を取得しました。そして、自分の病気が何とか治るものだと信じ、大学院薬学系研究科に進学しました。しかし研究室に入り浸って実験を続ける日々は1ヶ月ももたず、結局、在籍1年で退学したのでした。

　その後、1年間迷い、私は同じ大学に学士入学しました。学士入学とは、大学を卒業し「学士号」を持っている者が、大学3年生から別の大学、あるいは別の学部に入り直す制度です。私が学士入学したのが、同じ大学の教育学部でした。子どもの頃に思い描いた夢である、科学絵本などの教材を作りたかったからでした。そして大学院に進学することができた私は、生態心理学とアニメーションを研究するかたわら、10年ほど自宅近くの薬局にパー

トの薬剤師として働きました。この薬局での経験から私は自身のもう1つの武器となる医療・薬学の見方を身につけました。

＊　　　＊　　　＊

　アニメが好きな薬剤師が、東京大学教育学部に学士入学し、教育について学び、臨床心理学などにも触れた中で出会ったのが、生態心理学でした。たまたま時間が空いてしまったため、何の気なしに登録していた授業に出席し、とある講義を聴きました。それが私の師、佐々木正人先生の「自己遮蔽」についての話でした。

　その話を聞き、その意味がわかったとき、私に衝撃が走り、目の前がぱっと明るく開ける感覚を覚えました。そしてその授業直後に、私は佐々木先生に突撃しました。

「これはアニメの話ですよ！」

　私は佐々木先生相手に熱弁を振るいました。佐々木先生は、「アニメの話を教えてよ」とおっしゃって、特別に時間を取ってくださいました。そこで私は、佐々木先生に1時間ほどアニメーションの話をさせて頂いたのです。そのときは、押井守氏が著した『機動警察パトレイバー2劇場版』のレイアウトについて解説した本『METHODS』を示しながら実際のアニメーション作品を見せ、自分なりに解説しました。その後で佐々木先生は、とんでもないことを頼んできたのでした。

「来週の授業1回分あなたにあげるから、アニメの話をしてよ」

　この提案には私も驚き当惑しましたが、私はそれを引き受け1時限分の講義をしました。そのことがきっかけとなり、私は佐々木正人先生が指導する生態心理学の研究室に入り、生態心理学からの視点でアニメーションを研究するようになったのです。こうしてアニメと生態心理学が、延々と続く日々に私をつなぎ止めてくれたのです。

＊　　　＊　　　＊

　カバーで使わせていただいた、片渕須直監督作品『この世界の片隅に』のワンシーン。これは終戦の日、昭和20年8月15日のシーンです。時限爆弾で右手を失った主人公のすずさんが敗戦の報を聞き、地面に座り込んでいる。

ふと目をやった先に一輪のカボチャの雌花が咲いている——。

　ナパームがかかって半死半生になっているカボチャの花。それは私にとって、アニメと生態心理学そのものです。「続く日」へと一歩を踏み出すためのエネルギーそのものなのです。「明日」という「いつまで経ってもやってこない日」への盲目的な儚い希望ではなく、眠って起きれば必ずそこにある「前の日」の「続き」としての、延々と続く「毎日」への活力です。

　何が起きても時間は過ぎ、「今日」は「続く」。あるいは、うつ病を患っている者にとっては、それは辛い地獄の日々が「まだこれからも続く」ことですが、ただ一輪でもカボチャの花が咲いているだけで、「ああ、もうあと少し生きられる」と感じられる。それは「希望」や「夢」ほどに非現実的なのではなく、「今日、ここにある力」です。

『この世界の片隅に』にも、いつも時間は流れ、昭和20年8月15日で「。」が打たれる。それでも「毎日の営み」「日常」は終わらない。それはもう、ある意味では暴力的に、目覚めれば「この日」の「続き」で8月16日の朝がやって来る。

　日々は、「おわり」とエンドマークが出て物語が終わるのではなく、優しくも暴力的にやって来る「続き」です。私は『この世界の片隅に』や、本書のコラムで取り上げた山田尚子監督作品のアニメ映画『聲の形』『リズと青い鳥』は、「続く」とエンドマークが出る作品だと思うのです。特に『この世界の片隅に』は「えっ、ここで終わり!?」と何度観ても思ってしまう、唐突に終わる映画です。どう考えても「続く」とテロップが表示されている作品だと思うのです。私は、大団円よりも、"To be continued"という物語の方が、「生きる力」になると考えます。

　そして生態心理学は、自分が自分の住み処にいること、そこで次の日の糧を得て、日々を暮らしていくための生活に密着した心理学です。臨床心理学以上の活力を保証してくれる、新しい心理学です。アニメーションもまた同じく、「延々と続く毎日を生きるための活力」を保証してくれる。少なくとも、私にとってアニメーションとはそういうものなのです。

　私はアニメを見て、研究し、本を書くために、日々の生活をしのぎ続けています。いつ死んでもいいようにアニメを見て、研究しているのです。たとえ毎日のように喘息の発作が起きても、過呼吸になっても、決して取れるこ

との無い疲労感にさいなまれても、幻視や幻臭、幻聴が完全にはコントロールできていなくても、一輪の花が、甘やかに暴力的に続く毎日を生きるために、十分すぎるほどの活力をくれます。ただ咲いている一輪の花。しかしそれは、間違いなくそこに咲いているのです。

*　　　*　　　*

　本書の刊行にあたり、お力添えを賜りましたすべての方々に感謝申し上げます。また、図版をご提供くださいました各社の方に御礼を申し上げます。
　何より、ご多忙のなかで対談のお時間をとってくださり、カバー作品をご提供くださいました片渕須直監督に、そして推薦の序文を寄せてくださった私の生態心理学の師、佐々木正人先生に、心からの御礼を申し上げます。
　この本の編集を担当してくださった学芸みらい社の小島直人氏には、執筆、改訂等の作業その他のことについて大変お世話になりました。ここに深く感謝申し上げます。
　そして、病と障害をもつこの私をずっと支えてくれている母、父、姉に感謝いたします。
　この遠い叫びのような本が誰かに寄り添うものとなることを願いつつ──
　──To Be Continued──

佐分利奇士乃

【図版掲載にあたっては、以下の各社の方々のご協力を賜りました】
　　株式会社クロブルエ
　　株式会社MAPPA
　　エイベックス・ピクチャーズ株式会社
　　有限会社ミラクルヴォイス
　　東京テアトル株式会社
　　東映株式会社
　　株式会社京都アニメーション

参考文献

(1) Gibson J.,J. *The Ecological Approach to Visual Perception*. LEA, 1979/1986. 邦訳『生態学的視覚論――ヒトの知覚世界を探る』古崎敬ほか訳、サイエンス社、1985年。※本文中で挙げられているページ数は原著のページ数。

(2) ジェームズ J. ギブソン『生態学的知覚システム――感性をとらえなおす』佐々木正人・古山宣洋・三嶋博之監訳、東京大学出版会、2011年。原著"*The Senses Considered as Perceptual Systems*", Boston: Houghton Mifflin, 1966. ※本文中で挙げられているページ数は邦訳のページ数。

(3) Mace, W. M. 1974 "Ecologically stimulating cognitive psychology". In W. Weimer & D. Palermo, (Eds.), *Cognition and the symbolic processes*, V.I. Hillsdale, NJ: LEA.

(4) 『このマンガがすごい!』編集部編、『この世界の片隅に』公式アートブック。

(5) 宮崎駿『スタジオジブリ絵コンテ全集3 となりのトトロ』徳間書店、2001年。

(6) エドワード・S・リード『アフォーダンスの心理学――生態心理学への道』佐々木正人監修、細田直哉訳、新曜社、2000年。

(7) Johnny Nilsson, Alf Thorstensson and Junt Halbertsma, 'Changes in Leg Movements and Muscle Activity with Speed of Locomotion and Mode of Progression in Humans'. Acta Pyhsiol Scand, 1985, pp.123, 457−475.

(8) 『この世界の片隅に』製作委員会『この世界の片隅に 劇場アニメ原画集』双葉社、2017年。

(9) 米林宏昌『スタジオジブリ絵コンテ全集17 借りぐらしのアリエッティ』徳間書店、2010年。

(10) 三嶋博之『エコロジカル・マインド』日本放送出版協会、2000年。

(11) Sverker Runeson, 'Perception of Biological Motion: The KSD-Principle and the Implications of a Distal Versus Proximal Approach'. "Perceiving Events and Objects"(pp. 383−405), LEA.

(12) 神部勉(編)『ながれの事典』丸善、2004年。

今日^{きょう}を生^いき延^のびるために
アニメーションが
教^{おし}えてくれること

2018年12月20日　初版発行

著　者　　佐分利奇士乃^{さぶりくすしの}
発行者　　小島直人
発行所　　株式会社 学芸みらい社
　　　　　〒162-0833 東京都新宿区筈箇町31 筈箇町SKビル3F
　　　　　電話番号：03-5227-1266
　　　　　http://www.gakugeimirai.jp/
　　　　　E-mail：info@gakugeimirai.jp
印刷所・製本所　　藤原印刷株式会社
装　丁　　芦澤泰偉
本文デザイン　　吉久隆志・古川美佐（エディプレッション）

落丁・乱丁本は弊社宛お送りください。送料弊社負担でお取り替えいたします。
©Xushino Saburi 2018 Printed in Japan
ISBN978-4-908637-97-1 C0074

〈学芸を未来に伝える出版社〉 **学芸みらい社**

好評既刊 シリーズ「みらいへの教育」
〜「どう生きてきたか」をふりかえり、「どう生きていくか」を考える〜

兵藤友彦 著
奇跡の演劇レッスン
「親と子」「先生と生徒」のための聞き方・話し方教室
定価：1500円（＋税）　978-4905374-85-5

鷲田清一氏、推薦！
全校生徒の6割が不登校経験者である高校に赴任した著者が、元不登校児の生徒たちと一緒に作り上げた、感動の授業のすべて。高校演劇の全国大会に出場した作品のシナリオを完全収録。さらに、不登校の生徒たちや生きづらさを抱える大人たちの心を揺りうごかしたワークショップのやり方をイラストで具体的に解説。
「朝日新聞　折々のことば」「中日新聞」東海ＴＶ「みんなのニュースone」ほかで紹介！

稲垣諭 著
大丈夫、死ぬには及ばない
今、大学生に何が起きているのか
3刷
定価：2000円（＋税）　978-4905374-89-3

香山リカ氏、絶賛！「テツガクと大学とリアルと心理学がつながった！こんな本ははじめてだ」――。
生きることは苦しい。ひとは不自由だ。でも、魂はシブトイ。
拒食嘔吐、自傷、ＳＭ、幻視、離人、強迫、倒錯……。死の淵をのぞきこむ大学生の日常に伴走した気鋭の若手哲学者が提言する異例のケアの記録にして、意表をつく癒しの哲学。
「山梨日日新聞」ほか多数の紙誌をはじめ、ＮＨＫラジオ第２「宗教の時間」でも紹介。

〈学芸を未来に伝える出版社〉 **学芸みらい社**

好評既刊 シリーズ「みらいへの教育」
～「どう生きてきたか」をふりかえり、「どう生きていくか」を考える～

金坂弥起 著
あなたはこども？ それともおとな？
思春期心性の理解に向けて
定価：1800円（＋税）　978-4905374-93-0

「そう言えば、自分も当時はそうだったなぁ……」教師と保護者がみずからの思春期をふりかえり、教え子、我が子と出会いなおす──。
友人や家族との付き合い方、性の意識の芽生え、自尊感情と思春期妄想症など、揺れうごく心と体をささえ、明日の指導方法をリアルタイムで修正する、思春期教育の羅針盤！
教育現場の先生方、スクールカウンセラー、思春期の子どもをもつ保護者、カウンセラーを志す学生、特別支援教育コーディネーター、必読の一冊。

植木雅俊 著
人間主義者、ブッダに学ぶ
インド探訪
定価：2800円（＋税）　978-4908637-15-5

学生時代に仏教と出会い、「うつ」を乗りこえた著者。物理学専攻のかたわら独学で仏教を学びはじめ、40歳のころ中村元博士と出会う。そして「人間ブッダ」の実像を求めてインドの地へ──。
釈尊入滅後の権威主義化と平等主義復権の思想運動を振りかえり、仏教の原点である「人間主義」を浮き彫りにする"学びの旅"をえがく。
『ほんとうの法華経』で知られる人気の仏教研究者が案内する、「旅行感覚で読む仏教入門」！

〈学芸を未来に伝える出版社〉学芸みらい社

好評既刊 シリーズ「みらいへの教育」
〜「どう生きてきたか」をふりかえり、「どう生きていくか」を考える〜

岡部明美 著
私に帰る旅

定価：1700円（+税）　978-4908637-69-8

岡部明美 著
約束された道
いのちの仕事に出会うとき、歓びの人生がはじまる

定価：1700円（+税）　978-4908637-49-0

藤田一照氏（曹洞宗僧侶）、推薦！「この人生、捨てたものではない！　病に学んで、自己を知る。どんな目にあっても自らを失わない智恵の人、岡部明美さんの「心の旅」に同行してください。きっとあなた自身の旅が始まります」。
脳腫瘍と水頭症からの奇跡的生還。再び与えられた命に向き合う日々の中で、本当の私への旅が始まる──。
人生の不条理と無慈悲を心底味わう厳しく辛い季節の中で、いのちの根源からの再生に向かった真摯なる自己探求と、魂の暗夜に灯る気づきの光をつづる。

脳腫瘍、そして水頭症の発症。なぜこんなことが私の人生に？　奇跡的に死の淵から生還した著者はこの問いを胸に、苦しみもがきながら、再び与えられたいのちのすべてを捧げる天命・使命の仕事を求め続けた。人生を愛おしみ、いのちを燃やして生きていくことを願う全ての人たちのガイドブック。芳村思風氏（感性論哲学創始者）、行徳哲男氏（日本BE研究所所長）、神渡良平氏（作家）、湯ノ口弘二氏（コミュニケーションエナジー株式会社代表）、推薦。カウンセラー、セラピスト、コーチ、経営者、必読!!

学芸みらい社の好評既刊

日本全国の書店や、アマゾン他のネット書店で注文・購入できます!

ある日、クラスメイトがロボットになったら!?

イギリスの小学生が夢中になった「コンピュータを使わない」プログラミングの授業

著:ヘレン・コールドウェル+ニール・スミス
監修+日本語版序文:谷和樹(玉川大学教職大学院教授)
訳:佐分利敏晴・柏木恭典・小倉定枝

これは「先生と子どもたちの役に立つプログラミング授業の教科書」だ
〜谷和樹教授「日本語版序文」より〜

アウトドア、ゲーム、パズル、音楽、料理、マジックetc。身近な教材と体を使った活動で、「何だか分からない…」が「分かった!出来た!面白い!もっとやりたい!」に変わる。コンピュータ理解を育てるプログラミングの授業計画案、満載!

コンピュータ用語ほかキーワード解説付き

B5判並製232ページ　定価:本体2600円(+税)
978-4-908637-88-9

【目次】
日本語版序文	先生と子どもたちの役に立つ「プログラミング授業の教科書」
序　章	コンピュータを使わないコンピュータ教育へ!
第1章	もし、クラスメイトがロボットになったら?
第2章	歌って踊って曲づくりするプログラミング
第3章	プログラミングで芸術家
第4章	体を使ってデータになって、インターネットを旅しよう
第5章	暗号を解読せよ vs. 暗号を守れ
第6章	マジックのタネはプログラミングにあり
第7章	コンピュータを使わないゲーム遊び
第8章	料理のレシピもプログラミング!
第9章	科学者の「頭の中」をのぞいてみよう

【著者プロフィール】●ヘレン・コールドウェル──ノーサンプトン大学上級研究員。コンピューティングのためのカリキュラムの指導者。特別支援教育にも取り組む。●ニール・スミス──オープン大学のコンピューティングの上級研究員。コンピュータ科学教育について英国コンピュータ協会が発行する免許状の審査官の1人。